智慧矿山关键技术研究与应用丛书

矿业组合服务平台研究与实现

王海军　编著

中国矿业大学出版社
·徐州·

图书在版编目(CIP)数据

矿业组合服务平台研究与实现 / 王海军编著. —徐州：中国矿业大学出版社，2021.5

ISBN 978 - 7 - 5646 - 5010 - 0

Ⅰ. ①矿… Ⅱ. ①王… Ⅲ. ①矿业—组合—服务模式—研究 Ⅳ. ①F407.1

中国版本图书馆 CIP 数据核字(2021)第 072235 号

书　　名　矿业组合服务平台研究与实现
编　　著　王海军
责任编辑　李士峰
出版发行　中国矿业大学出版社有限责任公司
（江苏省徐州市解放南路　邮编 221008）
营销热线　(0516)83884103　83885105
出版服务　(0516)83995789　83884920
网　　址　http://www.cumtp.com　**E-mail**:cumtpvip@cumtp.com
印　　刷　苏州市古得堡数码印刷有限公司
开　　本　787 mm×1092 mm　1/16　**印张** 9　**字数** 156 千字
版次印次　2021 年 5 月第 1 版　2021 年 5 月第 1 次印刷
定　　价　54.00 元
（图书出现印装质量问题，本社负责调换）

前言

PREFACE

本书研究内容基于国家科技支撑计划——大型煤炭基地组合服务技术研发及应用示范项目。国家能源集团神东煤炭集团公司提出和创立矿业组合服务理论，构建了立足大型煤炭集团、面向外部煤炭企业的煤炭组合服务体系，并在神东产煤区开展应用示范，整合周边煤炭资源，实现整个产煤区域的集约化经营，取得了较好的研究应用成果。

随着信息技术、人工智能技术、5G等新技术的广泛应用，煤炭行业生产运营方式正在逐渐发生深刻而重大的变化。借助矿业组合服务电子商务平台，可以将矿业组合服务辐射半径进一步延伸，从而有助于培植具有区域性引领作用的煤炭集团企业，加速推动大型煤炭基地的形成。

组合服务就是利用矿业解决方案提供商的技术、管理、安全、成本优势来整合煤炭资源，提高产业集中度、资源回采率，解决煤矿安全隐患以及环境污染和生态破坏等问题，实现国家、矿权拥有者、矿业解决方案提供商的共赢。从业务实践的角度，可以对矿井生产作业和相关资源进行组合，形成生产总承包、设备外包、辅助生产外包等综合或专项服务，由解决方案提供商进行集中优化配置，提供给各投资主体。与传统方式相比，这种集中优化和共享服务，能够提供具有竞争性的低成本、安全高效的矿井运营管理服务，提升煤炭企业核心竞争能力。

未来，随着“一带一路”倡议的推进，丝路沿线国家资源开发利用，可以基于矿业组合服务电子商务平台，实现跨区域、跨境矿业组合服务，这是未来研究亟待开展解决的。

目 录

CONTENTS

第1章　共享经济

随着社会信息化的进一步发展，共享经济已经成为社会重要的经济形式。社会分工越来越细，信息传递速度越来越快，云计算和大数据的信息承载能力越来越强，这一切都为社会未来经济深刻变革提供了前提条件和保障基础。共享单车、共享汽车、共享充电器……各种新的共享模式层出不穷，将社会各种资源整合，基于信息技术深度融合，为用户提供各种共享体验。煤矿企业紧跟时代步伐，也在煤矿创新推行“共享经济”，通过共享物资、共享技术、共享信息、共享成果等一系列手段，让矿井进入了“共享时代”，凝聚了企业高质量发展最大合力。

1.1　共享经济概述

1.1.1　共享经济概念

共享经济(Sharing Economy)是一种优化资源配置、高效社会治理的经济模式，是基于互联网等现代信息技术支撑，由资源供给方通过技术平台将暂时闲置的资源(或技能服务)，有偿提供给资源的需求方使用，需求方获得资源的使用权(或享受服务)，而供给方则获得相应报酬的市场化模式。共享经济通过技术平台的整合，提高资源使用效率，促进社会经济的可持续发展。

共享经济主体有三方：供给方、需求方和共享技术平台。

在资源供应方面，任何个人或企业都可以成为产品和服务的供给方，供给方通过临时转移使用权来提高资源的使用率和复用率，同时获得相应收益。对社会总体资源来说，这一经济形式具有可持续性和内在张力。

在需求方面，共享经济给予需求方主动权、选择权和参与权，同时资源在共享技术平台能够实现透明交易，由第三方负责资源使用管控，所以降低了需求方的成本。

在平台方面，共享技术平台通过大数据分析算法精准匹配闲置资源位置，对接供给方与需求方，方便双方信息交换使用。

目前关于共享经济常见的划分标准包括企业市场关系产品及服务类型、所有权归属等。

1.1.2 共享经济的发展现状

当前，依托“互联网+”的共享经济，给传统行业带来了翻天覆地的变化，政府层面也对共享经济给予了高度的重视，使之成为除现有经济模式外的一种“新经济”模式。

在国内，目前共享经济的主要应用领域包括交通、住房、知识和技能、生活服务、医疗服务、共享金融、二手交易等。在全球共享经济的大背景下，全球共享经济正处于快速发展时期，共享经济的规模不断增大，共享经济总收入快速提高，共享经济领域随着时间发展不断扩大。

2020年政府工作报告指出，在深化新一轮全面创新改革试验中，要坚持包容审慎监管，发展平台经济、共享经济，更大激发社会创造力。这是共享经济连续四年写入政府工作报告。随着5G时代的到来，社交网络生态日益成熟，共享经济已经成为新经济模式，共享经济领域与相关平台如雨后春笋般涌现出来，各行各业的资源纷纷加入这种新经济模式，共享经济发展势头极为迅猛。

国家信息中心分享经济研究中心发布的《中国共享经济发展年度报告(2019)》显示，共享经济是全球新业态、新模式创生的前沿领域，围绕共享经济开展持续研究具有重要意义。近年来，我国共享经济的市场规模和增速均实现大幅增长，表明我国共享经济已经成为全球共享经济创新发展的主阵地。我国共享经济呈现两大发展亮点。一是制造业产能共享加速发展，成为共享经济各领域中最活跃的类型。这表明共享经济的发展逐渐从生活领域向产业领域延伸，从简单的模式创新迈向更高层次的要素配置、技术协同和产能最大化利用。二是共享经济“稳就业”的潜力得到更大释放。在经济发展面临下行压力的背景下，在社会群体生活方式日益多元化的情况下，共享经济发展创造的就业机会和渠道正在成为“稳就业”的重要路径。

《中国共享经济发展年度报告(2019)》从市场规模、市场结构、就业和市场融资等方面全面反映我国共享经济的最新发展态势，并首次定量分析了共享经济对主要生活服务业的影响。国家信息中心分享经济研究中心发布的《中国共享经济发展报告(2020)》显示，2015—2018年，出行、住宿、餐饮等领域的共享经济新业态对行业增长的拉动作用分别为每年 1.6 个百分点、2.1 个百分点和 1.6 个百分点。2018 年我国共享经济市场交易规模约为 29 420 亿元，2019 年我国共享经济市场交易规模约为 32 828 亿元，同比增长 11.6%，2020 年由于疫情共享经济规模有所回落，共享经济的发展模式正在从追求规模和速度的粗放模式向更加注重发展质量和效率的集约模式转型。共享经济推动服务业结构优化、快速增长和消费方式转型的新动能作用日益凸显。

共享经济的快速发展突出表现在我国交通领域。在交通领域，从一开始的滴滴打车，到之后的共享单车、共享汽车，都是在交通领域共享经济的发展载体。共享经济在交通领域的出现和发展在一定程度上方便了人们的日常出行，降低了生活成本，丰富了出行方式。在某种程度上，共享经济在交通领域的飞速发展，促进了我国在交通领域的改革，符合当前我国提出的绿色发展的理念以及主流价值观的要求。共享经济在交通领域的良好发展势头为共享经济营造了很好的发展氛围，为共享经济在其他领域的发展起到了引领和借鉴作用。

1.1.3 共享经济与租赁经济、平台经济的区别

共享经济、租赁经济和平台经济是三种不同的经济形式，也是目前经常提到的经济形式，很容易混淆，因为这三者之间往往存在着千丝万缕的联系，但又存在着本质上的不同。

1.1.3.1 共享经济与租赁经济的区别

从平台、业务模型、资产、网络效应和市场趋势这五个维度，共享经济和租赁经济之间有着十分明显的差异。

一是平台，共享经济需要搭建一个连接需求方与供应方的信息交流平台，提供便捷的沟通渠道。

二是业务模型，平台连接供需双方，共享经济的业务主体一定是有资源需求和盘活闲置资源需求的双方，以提高闲置资源利用率的业务服务才符合共享精神。租赁业务所有资源的本身不是闲置资源，由公司主导参与，为了共享而产生的伪共享是纯粹的商业行为。

三是资产，共享经济中，平台只是扮演着协商的角色，不占用任何一方的资源，甚至不用承担后期的维护费用，这决定了这种资产模式是一种轻资产模式。租赁经济需要前期投入、中期运营、后期维护，其中的投入是巨大的。

四是网络效应，基于互联网的平台能够发挥网络效应，需求方和供给方能

依托平台沟通，经过网络放大需求预期，供给增加，需求和供给相互促进，呈滚雪球般成长。租赁经济网络效应没那么明显。

五是市场趋势，共享经济的网络效应，现在发展虽然艰难但具有发展的潜力。租赁业务将仍会存在，基于网络的平台的新租赁经济，也会有发展的可能。

共享经济和租赁经济没有孰优孰劣之分，只是不同的经济模式。

1.1.3.2 共享经济与平台经济的区别

平台经济指的是依托平台进行交易的商业模式。所谓平台，就是连接多方供求或虚拟或真实的交易场所。

平台经济早已深入我们的日常生活，未来将出现更多改变我们每一个人生活的平台，它们将凭借科技与先驱者的想象力，成为新时代的载体。医疗、出行、金融、电商、社交将成为经济行为发生的地方，平台将取代公司，成为主流的组织形式。

平台经济的魅力在于凝聚资源，将传统经济链条式的上、中、下游组织，重构成围绕平台的环形链条。平台将原本冗长的产业链弯曲成了环形，B 端用户通过平台直接触及 C 端用户，提高了产业效率。共享经济必须要链接个体双方，才能为双方提供交易的可能。

1.1.4 共享经济的影响

基于 2020 年世界范围内新冠肺炎疫情的影响，经济增速放缓、传统增长模式难以为继，培育新的增长点变得十分必要与迫切，共享经济逐渐成为人们日常不可或缺的经济形式。共享经济主要有以下几个特点：

一是共享经济能快速提升总供给能力。共享经济通过三种途径提高总供给能力：提高现有存量资源的使用率；提升未来新增产能利用率；提升自然资源的使用效率。我们知道，设备、住房等本身就存在自然折旧，增加使用强度，并不能大幅度增加这类资本的折旧速度。因此，共享存量资源的边际成本可能接近零，所以在相对低的补偿情况下，总供给会快速提高，即总供给曲线变得更加平坦。

对于新增产能而言，意味着较少的资本投入就能产生更多的商品和服务。共享经济提高自然资源的使用效率，有利于经济的可持续发展，由此对大宗商品价格可能产生影响。目前，共享经济是一个新增的抑制大宗商品需求的长期因素，具有抑制大宗商品价格上升的作用。

二是由于资本利用率上升，投资需求可能下降。共享经济提高了存量资本的使用效率，意味着提供一定量有效供给所需的新增投资减少，投资需求将下降。

三是消费者实际购买力提升，消费需求增加，尤其是服务消费。由于共享存量资源的边际成本低甚至接近零，共享经济提供的商品和服务的价格也较低。在相同名义收入水平前提下，商品和服务价格的下降将提高实际收入，带动总购买能力的上升，从而增加需求。Airbnb 使用的是闲置房屋，空置成本很低，营收预期不高，因此其价格对于传统酒店具有杀伤力。而 Uber 以及国内的滴滴打车等软件因为盘活了存量的私家车，降低了打车出行的成本，因此更多消费者选择进行打车消费，从而挤出部分自助购车需求。

从这个意义上讲，共享经济对一些耐用消费品需求的影响类似于对资本品的投资，也就是说，共享经济提升了消费需求，但这主要是通过提高现有的资本品（耐用消费品）的利用率来满足的。

1.2 共享经济的特征

共享经济的特征主要体现在以下四个方面。

1.2.1 技术特征

技术特征基于互联网平台。现代意义的共享经济与传统共享经济的一个最大差别便是互联网的应用。互联网使得共享内容的范围变得更加广阔，而且能建立起陌生人之间的交易，并保证其安全，以此形成完整的经济生态模式，这是传统的“借—还”等共享经济无法比拟的。该互联网平台的角色可以描述为资源整合者、交易匹配者、规则制定者和安全保障者。

1.2.2 主体特征

主体特征体现在大众参与。足够多的供给方和需求方共同参与是共享经济得以发展的前提条件。在互联网平台上，任何普通个体只要是有资源或者其他任何特长，都可以迅速地参与到共享经济的活动中来。而且，人类本身就具有合作的基因和愿望，共享经济的出现，大大激发了合作的欲望，人们可以对资源进行合理且有效的分配，实现效用的最大化。共享经济的参与者来自不同的行业和组织，他们通过参与共享经济活动贡献自己的力量，自身也能从其中受益。而参与者的身份可以是多重的，也时刻在变换，有时为产品和服务的供给者，有时也是消费者。这一特点让每个参与者都能最大限度地发挥自己的潜能以及价值。

1.2.3 客体特征

客体特征表现在闲置资源快速流动。现实世界的资源是有限的，但闲置与浪费也存在，如车辆、房屋等。共享经济将这些碎片化的闲置资源整合，使其流动发挥最大效益。

1.2.4 效果特征

效果特征注重用户体验。信息技术的快速发展，使得共享经济能够以低成本、便捷准确地为大众提供个性化服务，从而提升用户体验。

首先，共享经济大大地增加了供需双方的互动性。传统经济的产品大多数是通过众多的分销商或中间渠道进行销售的，往往不与顾客直接联系。而共享经济活动中，供给者和消费者直接联系，全程参与交易过程。

其次，共享经济极大地增进了个性化体验。共享经济是体验经济，而不像工业化的大规模和标准化的产品和服务，其强调个性化体验。

最后，共享经济增强了消费者的权利意识。传统经济虽然有评价机制，但这种评价往往会受地域限制，其精准性往往大打折扣。共享经济由于使用了互联网技术，用户的评价具有及时性、公开性以及透明性特点。这些评价会对其他用户产生影响，也会迫使平台注重用户体验，努力改进服务。共享经济增强了各方的互动性，而且极大地增强了个性化体验，更关心用户所想。

总之，共享经济是信息技术成熟后产生的新型经济形态，只有互联网技术以及现代信息技术和创新应用的发展，现代意义上的大规模共享经济才真正成为可能。共享经济是连接供需的最优资源配置途径，能够解决供需双方之间的信息不对称问题，优化资源配置。共享经济适应信息社会发展的新趋势，信息社会强调以人为本的可持续发展，崇尚最佳体验和物尽其用。

在旅游发展方面，有的学者强调共享经济的大众参与、资源的快速流动以及注重用户体验等方面。有的学者从共享导游、服务体验以及供给侧影响等方面进行研究。在导游方面，以前的专职导游可以被兼职导游替换，而这样的导游由于土生土长的缘故，不仅对景点十分熟悉，而且更加了解风土人情，给游客更好的服务体验，导游也利用自由时间获得了回报。服务体验主要从景点到社区，从风景到风土人情进行转变，共享旅游带动了旅游者参与活动的积极性，使游客服务体验更佳。

共享经济在旅游过程的交通、住宿等方面产生了巨大影响，使旅游交通利用率大大提升，空置房资源被充分利用。

1.3 共享经济的内在运行机制

共享经济在短短几年时间内成为经济运行的有机组成部分，成为资源配置效率提升的一种新范式，在于其具有独特的内在运行机制和驱动力。共享经济的内在运行机制，涉及共享产品与服务的所有权与使用权分离、需求池与供给池匹配、多方市场平台建设或新连接机制贯通、信息脱域与信用约束缓释、规模经济与边际成本递减以及利基市场形成与长尾效应实现等核心环节，是一个复杂的资源配置系统。

1.3.1 共享经济的核心环节

1.3.1.1 所有权与使用权分离

共享经济的基础是所有权和使用权暂时分离，强调的是存量资源的盘活、闲置资源的更有效利用，本质是以信息技术为支撑、以信息终端为载体，公平、有偿、高效地共享社会资源，供求双方为共享付出相对较低成本，共同享受共享产生的红利。共享经济将闲置资源所有权和使用权相分离，暂时转移闲置资源的所有权。闲置资源的使用一般以重复、高频、高效作为基本特征。从宏观角度出发，共享经济可以有效减少个人对资源要素的占用规模和占用时间，降低经济社会发展的资源能源压力。以共享标的使用权作为交易对象，共享经济形成了个体化的所有权和社会化的使用权的有效结合。

互联网技术使得物品的使用时间和地域实质性扩大，一种物品所有权和使用权可能出现暂时的分离，所有权和使用权的边界被模糊化。首先，互联网技术使得使用权获得的信息成本非常低，使用权在一定程度上比所有权更有价值。其次，数量众多的闲置资源集聚，使得所有权的独占性呈现出“竞争状态”，所有权的价值逐步降低。第三，如果闲置资源没有进行有效使用，闲置资源的所有权价值几乎接近于零。最后，独占式所有权向共享式所有权演进。独占式所有权解决了激励问题，但无法避免资源闲置和低效问题，而共享式所有权在保证私有制所有权的法律地位基础上，通过使用权的暂时让渡呈现出所有权在一定程度上的“共享”。

在共享经济的发展中，由于非有形资源的利用成为日益盛行的共享经济模式，所有权的界定并非就是必要的环节，此时的共享经济更多变成了一种非有形资源或服务的供求匹配模式。共享经济可分为盈利性共享经济和非盈利性共享经济，非盈利性共享经济更多突出的是闲置资源的个性化再使用或再分配，注重的是与需求者之间的供求匹配体验，而非价格因素。比如，对于在滴滴快车中的拼车功能，很多参与者并非注重服务的价格、服务的权属，而在乎的是与需求者之间的交流体验。这种变化与消费者对于所有权与使用权的认知变化是紧密相关的，消费者更加注重产品和服务的使用，而不太关注产品价格与权属。

长尾效应的发挥，本质上是一个规模效应问题。规模效应对于共享经济是一个核心的要求，特别对于盈利性共享经济。共享经济利用互联网技术构建一个服务平台，形成共享标的的集聚，规模效应日益凸显，共享经济服务的边际成本不断降低。同时，共享经济存在相对高频的交易，这样使得共享标的使用权暂时让渡的收益在总量上显得较为可观，即呈现显著的规模效应。另外，网络时代下社会成员处在多种相互关联的虚拟社区之中，社交网络的拓展迅速提高了共享经济的规模效应，即所谓的集合价值。以信息技术为支撑的网络社区对于资源使用、配置和管理成本可能低于实体市场或行政体系下的交易成本。规模效应提升了共享经济的收入，同时降低了共享经济的成本，从而形成了成本收益的可持续性。规模产生的过程就是一个价值共创的过程。对于盈利性共享经济而言，只有规模足够大，供求双方才能高效地进行匹配，有效提高需求响应速度，降低服务供给成本，使得共享标的的使用成本低于拥有所有权的成本，并形成一个成本可负担的业务模式。

1.3.1.2 需求池与供给池匹配

在共享经济中，协同消费被认为是共享经济发展的需求基础。协同消费超越所有权、以部分使用权为支撑、以特定平台为中介来消费共享标的产品和服务，而且无须永久持有所有权以及承担相关的义务。协同消费中的消费者被称为消费变革者。更为重要的是，协同消费使得分散的个性化的消费需求，可以通过相应的平台形成集聚效应，从而对没有所有权、注重使用权的产品和服务形成规模效应，使得闲置资源或者特定产品与服务供给（比如租赁）成为成本收益可持续的商业模式。在产品和服务的使用效能上，协同消费比买断式消费要更具有优势。协同消费是共享经济中共享产品和服务需求池的基础。

协同消费的发展主要有几个重要的特点。一是消费便利性。消费者行为便利性大大提升，共享经济很多是"懒人经济"，技术革新使得服务供给变得高效、低廉且便利，匹配了消费者行为取向。二是消费主动性。在传统的消费模式上，消费者的消费行为往往是被动的，营销、打折等成为传统消费模式的重要促进手段，但在新兴的消费模式中，消费者依托互联网信息技术大大避免了服务信息不对称问题，更加注重主动性，注重消费"主权"和消费"控制权"。三是消费者剩余。在协同消费中，对于消费者而言，一个潜在的驱动力就是消费者剩余。在共享经济中，除了特殊消费者，消费一定数量的某种商品或服务愿意支付的最高价格与这些商品的实际市场价格之间的差额，成为共享经济驱动消费者参与其中的基础动因之一。这种消费者剩余与传统以价格差异为衡量标准的消费者剩余相比在内涵上可能更加丰富，比如消费体验较难定价，消费者甚至愿意付出比产品和服务市场价格高数倍的价格进行消费。

与以协同消费为支撑的需求池相对应的是基于平台集聚功能而产生的供给池。在成本方面，共享经济通过技术、流程、机制、组织等创新使得交易成本逐步降低，并低于共享标的的再生产成本，使得交易成为创造收益的途径。共享经济的实质是交易成本最小化。甚至共享经济可以通过技术的优势使得边际成本逼近零，从而使得共享经济的产品和服务提供成为可能。同时，互联网技术使得服务获得的信息成本大大降低，信息支撑下的社会网络集聚效应使得服务供给更加容易获得规模效应和专业化细分，供给者可以发挥专业化优势并突破边际成本与边际收益的瓶颈。

1.3.1.3 去中介、再中介与连接机制构建

在互联网时代之前，闲置资源由于信息不对称等原因，资源需求者无法获得有效信息并加以利用。在互联网时代，特别是在专业化平台集聚功能模式下，通过信息交互、平台分类、多人参与、自动匹配、重复交易，闲置资源就可以转化成为有效的社会资源，闲置资源可以不排他地被使用而呈现一定的公共性。网络平台是共享经济的核心支撑，基于网络技术的优势，共享经济中的闲置资源在供方与需方间高效进行配置，实现"物尽其用"和"按需分配"的价值

目标。

平台的功能是将分散的需求和分散的供给集中且连接起来，分散需求的集中过程相当于构建需求池，分散供给的集中过程则相当于构建供给池，平台功能则是建立两个池子的联通机制、促成供需双方建立不需要转移所有权的共享机制，对于原来传统的中介机构而言是一个去中介的过程。平台是共享经济的核心载体，是连接供求双方的核心节点，具有特定网络外部性和多归属的现实或虚拟组织。正向外部性使得平台具有规模效应的正反馈机制，多归属则使服务需求方具有多重选择的机会，摆脱了传统中介机构点对点的链条模式。平台的正反馈机制与平台的供求双方数量紧密相关，当供求双方数量达到一定程度后，信息收集、分类、交互将更加有效，供求的匹配将更为顺畅，并使得成本收益变得可持续。本质上，在技术、反馈机制以及匹配交互的支撑下，平台又成为一个具有新中介功能的主体，即再中介化过程。

本质上，共享平台是去中介化和(或)再中介化的第三方实体或虚拟组织。这类组织的建立基于四个要件：一是强有力的技术基础；二是大规模的人数和相关需求；三是模式的成本收益性；四是有效的信息披露和信用征集机制。在共享经济中，共享平台削弱了传统服务中介机构的职能，比如，在互联网金融中，新兴平台弱化了银行等传统支付清算和信贷服务中介机构的作用，具有去中介的职能；但是，共享平台实际上又是一个“再中介”，在削弱传统机构职能的同时，又强化了自身的中介职能，形成共享服务需求与供给的新平台。

共享平台从去中介到再中介的过程是一个双边平台到多边平台的演进过程。平台发挥闲置资源利用和提升资源配置效率的前提是供需双方可低成本接入平台体系，即平台的接入要便利且低廉。在初始阶段，共享经济平台是共享标的提供方和使用者之间直接交易的中介机构，在业务运行机制上与传统中介机构并无实质性差异，形成的是双边市场平台。共享产品和服务的供求匹配还需要其他的相关机构参与，比如，第三方支付机构、银行、快递服务机构、广告机构等，最后就形成了一个多边市场平台。共享经济中的平台基于开放性逐步成为多边平台，是在共享标的中连接产品与服务的供给者和消费者的新中介，并提供信息归集、供求匹配、交易结算以及其他服务。这种多边市场平台具有外部性，具有显著的要素集聚和整合功能，在各方都遵守规则的情形下可以形成一个能够自我强化和优化的供求服务价值链。

共享经济中的多方市场平台，本质上是一个再中介化的过程，也是一个供给和需求建立新的连接机制的过程。但是，新平台的中介职能与传统产品和服务的中介职能大相径庭，传统模式的中介采用点对点的连接机制，是一种链式价值创造过程；共享经济的中介采用多对多且可能多维的立体连接机制，更像是中心—外围的价值创造体系。

1.3.1.4 信息脱域与信用约束缓释

共享经济在产品和服务使用权和所有权分离之后，基于多边平台集聚和连接机制，形成了相互匹配的需求和供给互动机制。但是，共享经济是陌生社会成员之间基于技术和信任而发展起来的商业模式，共享经济顺畅运行的一个潜在前提是信任或信用机制的建立。这是基于新兴技术的共享经济与此前共享经济的核心差别，即技术的使用特别是信息脱域使得新的信任机制被建立，共享经济中的信任与信用问题被大大缓解。

在共享经济标的特别是非有形资源的供给与服务过程中，信任与信用是供求匹配得以进行的关键，这主要依赖于几个方面：一是共享平台的信息收集、审核及公开的有效性；二是共享标的使用者的评价体系；三是共享标的供给者的自身信用水平；四是有效的失信遴选及惩罚机制。

信任机制的建设和完善是共享经济可持续发展的核心基础设施。用户评价机制、信用信息征集、平台征信功能和外部征信导入等成为共享平台健全信任机制的基本配置。美国有的平台为了解决信任机制问题设置了四个重要的信任功能模块：第一层是基础层，主要是用户姓名及地址的认证；第二层是账户资料，主要基于开放式问题的调查机制；第三层是拓展层，主要是鼓励用户完善自身信息；第四层是担保，主要是引入担保人机制，让第三人为用户提供担保，这是最高等级的信任机制。

从美国的经验看，这种信用约束机制仍然没有摆脱传统的信用征集及信用担保的体系。但新兴共享经济业务模式是基于互联网技术发展起来的，互联网技术一个核心优势就是具有解决信息不对称问题的可能性。比如，在没有滴滴打车之前，部分城市“黑车”较多，不少乘客人身财产受到了侵害。但是，基于个人身份信息和汽车身份信息的登记注册，滴滴打车使得司机相关信息在服务过程中向使用者公开，司机违法事件大大减少。在信息时代，以大数据为支撑的信息披露机制可以强化共享经济参与市场主体信用透明度。

在技术上，共享经济的信息透明过程就是一个“脱域”或“脱嵌”技术，即将相互陌生的人群之间的信任问题转变为个人对抽象体系的信任或信用问题。

原本具有非常个性的个人或组织特征，在共享经济平台的信息整合和脱域技术支撑下转变为标准化的模块，并可以迅速复制，即把随机的面对面机制转变为标准的自动撮合机制。

共享经济中，产品和服务的提供者更加注重这种以大数据为支撑的"脱域"信息透明过程，更重要的是，这是一个具有自我强化的信用征集机制。对于提供者而言，其面对的是与多个不确定性需求者的重复博弈过程，每次不同的博弈结果最后合成对供应者的信用评价和甄别结果，为此，供给者最好的选择就是提升服务水平，避免出现被需求者重复"差评"，以保证自身信用水平。在一个多边平台体系中，这种信用机制还与供求双方的其他需求服务供给紧密相关，比如，一个电商平台供应商需要向平台或合作金融机构申请产业链金融服务时，信用评价结果就可以作为供应商信用利差定价的基础，从而可让产业链金融服务商甄别风险较小、信用较高的客户，或者通过提高利率水平来降低潜在的违约损失。基于大数据的互联网信用征集机制可以为共享经济的相关服务设置差别定价。鉴于此，将形成一个信用的硬约束，它是共享经济之所以能够顺畅运行的"软件"基础，也是新兴技术支撑下的共享经济与过去较长时间内共享生产或消费的重大区别。

1.3.1.5 规模经济与边际成本递减

共享经济大致可以分为盈利性共享经济和非盈利性共享经济。非盈利性共享经济更多突出的是闲置资源的个性化再使用或再分配，注重的是与需求者之间的供求匹配体验，而不只是价格因素。非盈利性共享经济对于供求双方的规模以及连接机制的效率要求并不高。盈利性共享经济虽然强调服务的个性化和多样化，但是从实际运作的角度看，盈利性共享经济更加注重的是规模经济、标准化服务和高频快速匹配，对于规模效应要求很高。

在成本方面，共享经济通过技术、流程、机制、组织等创新使得交易成本逐步降低，并低于共享标的的再生产成本，使得交易成为创造收益的途径。在所有权的交易过程中，一旦交易达成，交易成本就成为沉淀成本。信息搜寻、谈判、缔约、履约监督以及违约处置等都构成了交易成本，在一些交易中甚至由于交易成本过高而无法进行。信息不对称被认为是交易成本增加的核心来源，信息不对称使得供求双方的利益存在失衡，最后导致交易成本过高、交易不公平以及资源配置低效等问题。以信息技术为支撑的网络社区对于资源使用、配置和管理成本可能低于实体市场或行政体系下的交易成本。

共享经济利用互联网技术构建一个服务平台，形成共享标的的集聚，规模效应日益凸显，共享经济服务的边际成本不断降低。共享经济由于市场组织模式的差异化使得其在交易成本方面具有系统性的优势，主要体现在信息成本和执行成本两个领域。在信息成本上，共享经济的开放性使得信息管理、资源配置、报告制度等实现集约化和差异化，比如管理层级只是信息管理一个环节而非明确要求特定参与者进行特定的行动。在执行成本上，共享经济依托非正式社会关系、平等性互惠机制等替代强制执行方式，来降低执行成本。互联网从技术角度实现了使用权分享的“超级效率市场”。

1.3.1.6 利基市场与长尾效应实现

在传统的产品和服务市场格局中，大客户是收入和利润的主要来源，也是市场竞争的核心领域。但是，市场统治者或主导者可能无法完全统治或垄断整个市场，可能会忽略某些细分市场，这些细分市场被称为利基市场。在初始阶段，具有技术、流程或成本等优势的企业进入利基市场之中，利用相对优势获得在利基市场中的优势，在满足特定市场需求之时，在定价机制、产品质量以及服务范畴等方面逐步占据细分优势。在深入发展阶段，这类企业甚至会进一步从细分市场拓展至整个市场，从地方市场拓展至全国甚至跨区域的国际市场。

在共享经济中，部分产品和服务领域是传统产品和服务机构所忽略的市场，从而成为共享经济参与其中的利基市场。比如，数量众多的中小微企业和个人客户往往是金融机构所不重视的市场主体，但是，共享经济通过互联网金融解决了金融服务成本高和金融服务便利性差的问题，并快速地促进了利率市场化，深刻改变了传统银行机构“存款立行”的经营模式。再比如，“最后一公里”的交通服务是传统交通服务机构所不愿意参与的利基市场，但是，共享经济通过共享单车模式解决了“打车难”和“最后一公里”的交通服务问题，并逐步突破“一公里”的地域约束和传统出租车市场的机制约束，滴滴打车在国内就成为传统出租车公司的有力竞争者。

利基市场之所以能够成为商业可持续的市场依托，并可以成为市场拓展的根据地，主要在于在技术支撑下存在一个“长尾效应”。在统计学中，一个变量最为典型的定量模型就是正态分布或近似正态分布。正态分布最高部分就是“头”，两侧逐步平滑的部分就是“尾”，最重要的需求（主流需求）集中在了头部附近，而分布在尾部个性化、分散化和数量巨大的需求则是长尾需求。长尾效应是指长尾需求累积的结果可能会比一个主流需求规模更大,即分散、小额但巨量的需求累积可能产生成本收益较好的新市场。而且,这种长尾效应主要集中在个人零售业务范畴之中。

信息技术重构了部分产品和服务的成本收益结构,从而使得长尾效应充分凸显。长尾效应在互联网金融的应用主要体现为与"二八定律"的"对峙",认为对于那些传统金融机构不太在乎、数量巨大的小客户通过互联网平台的整合,其业务规模甚至可能超过传统金融机构十分在意的重点大客户的业务规模。甚至原来无利可图或者亏损的业务可以通过"长尾效应"获得收益。互联网金融的可持续发展逻辑在共享经济中同样适用。从技术层面出发,互联网长尾效应主要体现在外部经济、规模效应和范围经济三重效应,长尾效应的产生在一定意义上改变了服务供给曲线和需求曲线均衡的位置,改变了资源要素配置的领域及行业属性,形成相关服务供求的新配置机制,改变了相关业务的成本收益结构。更重要的是,"长尾效应"与利基市场相互交互强化,使得长尾客户的范围不断拓展,逐步蚕食主流客户,从而使得传统业务模式中的"二八定律"受到了日益显著的影响。

1.3.2 共享经济的运行机制

共享经济所依托的要素相辅相成,共同构成共享经济运行机制。共享经济的起点是多样化的需求依托技术应用形成相对独立的利基市场和需求池,而供给端亦是依托新兴技术的应用使得相关产品和服务的所有权和使用权可以有效分离,并逐步形成具有规模效应的供给池,在共享经济核心要件——信息脱域的支撑下,供给池和需求池通过新连接机制(或共享经济多边平台)部分克服了信息不对称及信用机制约束,更好地实现了有效匹配,最后实现边际成本递减与规模经济,使得共享经济成为一种成本收益可持续的业务形态,并整体提高了资源利用与资源配置的效率。

最近几年,共享经济的部分业务模式实现了可持续发展,基础的条件是产品或服务的使用权和所有权可以实现有效分离,而核心的根源在于信息脱域。信息脱域具有三个重要的功能:一是使得产品或服务的所有权与使用权可以在时间和空间维度实现一定程度的分离,为共享经济提供基础条件;二是使得产品和服务的需求得以分类,同时实现了需求使用者一定程度上的信用约束机制;三是使得共享经济的运行机制特别是在多边平台的连接机制中较大程度上实现了透明化，克服了资源利用过程中的信息不对称特别是逆向选择问题，这是新兴共享经济与传统生产及服务最核心的区别。

1.4 共享经济在矿业中的应用

矿业组合服务是共享经济推广和产业分工演变下催生出的一种煤炭行业新型商业模式，是推进我国煤炭行业转型升级的一种重要途径，是煤炭企业由“生产型”向“生产服务型”转变的一种主要方式。

1.4.1 矿业组合服务商业模式的要素

商业模式是为实现客户价值最大化，把能使企业运行的内外各要素整合起来，形成一个高效完整、内部化、利益相关的具有独特核心竞争力的运行系统，并通过最优实现形式满足客户需求、实现客户价值，同时使系统达成持续赢利目标的整体解决方案。客户价值最大化、内部化、利益相关交易结构整合、高效率管理、系统整合、持续赢利、实现形式、核心竞争力和整体解决这九个关键词构成了成功商业模式的九个要素，缺一不可。

（1）矿业组合服务商业模式主要解释的问题。

① 矿权拥有者（或多元化投资主体）有哪些（有哪些目标客户）？

② 服务提供商为矿权拥有者创造的价值是什么（如何使客户价值最大化）？

③ 服务如何吸引矿权服务者（如何让客户愿意要这种服务）？

④ 如何将服务提供商创造的价值送达到矿权拥有者手里（价值流通渠道是什么）？

⑤ 矿业组合服务如何进行（根据客户需求，所提供服务的主要任务是什么）？

⑥ 如何整合和配置各服务提供商的资源（供应方缺少的资源如何配置）？

⑦ 如何整合各服务商（合作伙伴是谁）？

⑧ 矿业组合服务模式有多少种（你的产品线有多少，有多少种赚钱的方式）？

⑨ 矿业组合服务成本如何核算（服务提供商的成本结构是什么）？

（2）矿业组合服务解决的三个核心问题。

本质上，商业模式明确了一个市场主体开展什么样的活动来创造价值，在价值链中如何定位其所在位置，以及与客户达成产生收益的制度安排。

矿业组合服务是矿业领域的一种新型商业模式，其主要解决三个核心问题：

一是矿权拥有者"为什么"让服务提供商干，即矿权拥有者采取矿井生产运营总承包的理由是什么；矿权拥有者采取矿井生产总承包的主要动机在于实现正常运营和安全生产，而且服务提供商通过技术研发、工艺优化和资源优化，能进一步提升抵御市场风险的能力。

二是服务提供商"值不值得"干，即服务提供商的边际收益要大于边际成本；矿井生产专业化服务成本大体包括制造成本(直接成本和制造费用)、分选加工费、期间费用和税金及附加等费用。处于大型煤炭基地内的服务提供商，拥有成熟的产业链和专业化生产队伍，利用市场机制和信息技术平台，可实现矿业组合服务费用报价小于矿权拥有者自身从事生产运营产生的费用，每个环节都能实现价值增值。

三是政策"允许不允许"干，即矿业组合服务的合规性问题。在法律法规层面，安全责任是矿业组合服务过程中备受关注的问题。根据 2015 年原国家安全生产监督管理总局、国家煤矿安全监察局颁布的《关于加强托管煤矿安全监管监察工作的通知》(安监总煤监〔2015〕15 号)有关规定和精神，只要解决了安全管理问题，矿业组合服务应用的合规性就能得到保障。

1.4.2 矿业组合服务产生动因

矿业组合服务是在各层面众多因素的推动下所产生的商业模式。以下分别从宏观、中观、微观层面从供给方和需求方角度，分析矿业组合服务产生的动因，如图 1-1 所示。

1.4.2.1 发展共享经济的需要

如前所述，共享经济是全球新一轮科技革命和产业变革下涌现出的新型商业模式，正在加快驱动着各个行业结构性、战略性的变革。在我国目前实体经济发展面临各方面压力的同时，国家出台的一系列共享经济相关政策措施，推动实体经济与互联网、大数据、人工智能深度融合，促进了实体经济的转型，为我国的实体企业点亮了一盏明灯，培育了新的增长点，形成了新的动能。

近年来，我国煤炭行业产能控制政策执行力强。根据煤炭行业目前状况，可将煤炭企业分为三类：第一类是不具备政策规定生产条件的煤矿，面临强制

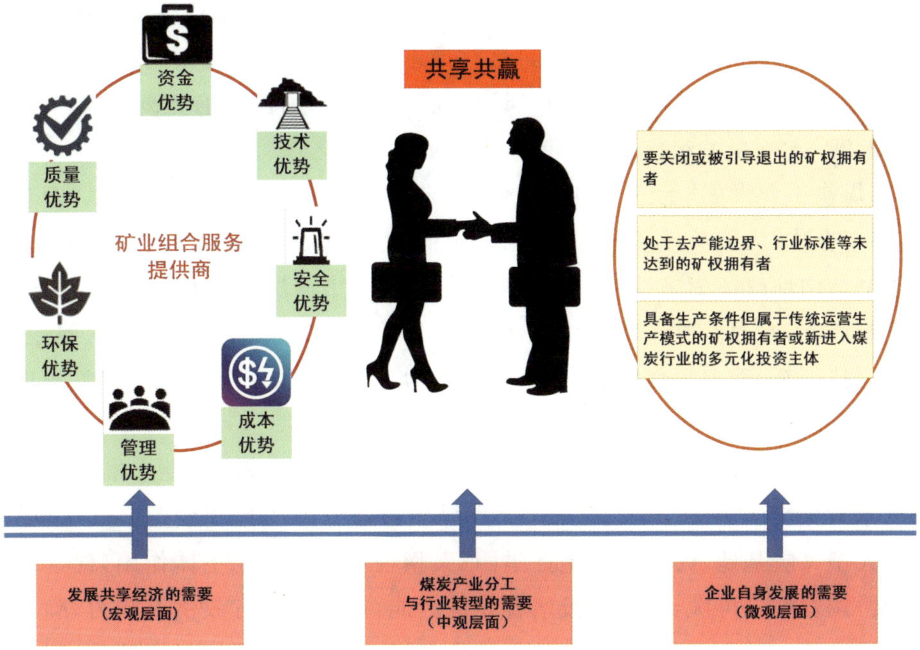

图 1-1　矿业组合服务产生动因示意图

退出或被引导退出；第二类是虽然不在去产能范畴之内，但其生产条件、安全防护、环保治理、员工健康等方面仍然达不到或只是勉强达到行业要求的煤矿，处于被淘汰的边缘；第三类是具备各方面生产条件但采用传统生产运营模式的大量中小煤炭企业。如果市场上有一些专业化的煤炭生产运营公司，通过生产能力和资源共享，能以比这三类煤矿自行生产更低的成本承包这些煤矿的生产经营，那么，就解决了这些濒临退出煤矿设备老旧、安全无保障、效率低、资金链断裂等众多难题。

同时，一方面有相当数量的煤炭企业面临生存压力，人力资源未来相对过剩；另一方面，缺乏生产管理经验的新进入煤炭行业的多元化投资主体，也无法适应国家对煤炭生产和管理越来越高的要求，急需专业化组织的生产运营、技术和管理咨询等“外力”和“外脑”，来维持企业生存，推动企业持续发展。

因此，近年来，从最初的煤炭交易平台的成立，到近期“易装备”“煤亮子”等设备共享、资源共享平台的出现，我国煤炭行业正在共享经济这种新业态新模式下悄然进行着变革。这些变革虽然使得煤炭行业一些闲置资源得以盘活，但这些变革仅局限于局部的、零散的业务，运用平台的企业所拥有真正驱动整个煤炭行业变革的生产能力和创新能力等都不够，只有大型国有煤炭企业才能承担起矿业服务及平台建设的重任。这对推进煤炭行业供给侧结构性改革、化解产能、落实创新驱动发展战略，以及培育经济发展新动能，具有重要意义。

1.4.2.2　产业分工和行业转型的需要

《煤炭工业发展"十三五"规划》强调：未来二十年内，煤炭产业要以"四个革命，一个合作"为能源发展战略指导思想，以提高发展的质量和效益为中心，以供给侧结构性改革为主线，坚持市场在资源配置中的决定性作用，着力化解煤炭过剩产能，着力调整产业结构和优化布局，着力推进清洁高效低碳发展，着力加强科技创新，着力深化体制机制改革，努力建设集约、安全、高效、绿色的现代煤炭产业体系，实现煤炭产业由大到强的历史跨越。

在新经济新模式下，煤炭产业发展要遵循以下原则：首先，要求推动现代信息技术与煤炭产业深度融合发展，提高煤炭行业发展质量和效益。其次，要求强化大型煤炭基地、大型骨干企业集团、大型现代化煤矿的主体作用，促进煤炭集约协调发展。再次，要求积极培育先进产能，提升煤炭有效供给能力，确保产能与需求基本平衡，促进结构调整和优化升级；然后，从煤炭开发、转化、利用各环节着手，强化全产业链统筹衔接，推进煤炭安全绿色开发。最后，要求以"一带一路"建设为统领，遵循多元合作、互利共赢原则，稳步开展国际煤炭贸易，稳妥推进国际产能合作，增强全球煤炭资源配置能力，提升煤炭产业的国际竞争力。这些原则驱使我国大型煤炭基地必须与新经济形势、新商业模式紧密结合，促进煤炭行业转型升级，促使大型煤炭基地矿业组合服务的形成和发展。大型煤炭基地转型升级的重要途径就是实现从"生产型"向"生产服务型"的转变。制约"生产服务型"发展的重要因素是产业分工和专业化程度、生产性服务的供给效率、信息通信技术的变革及其他一些重要的制度性因素，其中产业分工是最关键的因素。大型煤炭基地矿业组合服务是煤炭行业产业分工和资源再分配的必然结果，是供给侧结构性改革、行业转型升级的重要途径。

1.4.2.3　煤炭企业发展的需要

大型煤炭基地是我国煤炭工业的重要组成部分，"十三五"期间，要求大型煤炭基地由大变强，煤炭产量占有率达到95%，因此，大型煤炭基地是我国能源供给的安全保障，对我国经济发展有着极为重要的作用。主要有以下几方面的原因驱动着大型煤炭基地矿业组合服务的形成。

首先，煤炭企业生存问题。截至2019年，我国煤炭储采比为32年，是世界煤炭行业平均水平的29.4%。我国煤炭资源储备不足，加之每年开采量巨大，使得我国煤炭资源未来可使用年限逐渐缩短。对企业而言，由于煤炭行业越来越市场化以及矿权相关政策越来越严格，企业获取矿权越来越难。因此，对于类似于神东煤炭集团公司这样的企业，在已有优质资源矿井逐渐采完后，企业未来发展战略方向就要发生转变。

其次，煤炭价格市场化迫使煤炭企业改革。煤炭行业在整个能源行业是市场化程度最高的，我国煤炭价格目前基本上由供需双方决定。2020年我国煤矿企业数量近3 000家，因此，我国煤炭行业供给方基本是完全竞争的状态，尽管大型煤炭基地有其规模优势，但我国大型煤炭基地有14个。因此，煤炭价格是由市场决定的。这就要求煤炭企业在生产成本上有优势才能盈利，迫使企业压缩生产运营成本。目前大型国有煤炭企业几乎都已经实现现代化机械采掘，在技术和工艺上吨煤成本已经降到相对较低的水平，成本压缩只能从运营上来进行，这就要求企业内部管理更加标准化、精益化、流程化，要求企业内部重新分工，新的分工方式更加适合企业的运转。

最后，产能控制迫使煤炭企业改革。政府控制产能的决心很大，《煤炭工业发展“十三五”规划》中明确要求未来10年内每年化解淘汰过剩落后产能规模8亿t，尽管大型煤炭基地产量比例有所上升，但是总体上产能是在缩减的。采掘机械化程度的提高和全员劳动工效的增加使得单个矿井吨煤成本降低了，但总体产能一直处于控制状态。煤炭企业前期积存了大量人力、设备等资源，这些生产能力若不加以合理配置利用，造成成本压力的同时还会造成极大的浪费。因此，煤炭企业在消化闲置资源上引进新的举措是大势所趋。

第2章 矿业组合服务理论

2012年以来，受国民经济结构调整、供给侧改革等因素的综合影响，能源消费结构发生变化，国内煤炭消费量持续下降。煤炭行业开始逐步有序淘汰落后产能，传统煤炭产区的煤炭企业普遍出现了人力资源过剩的局面。很多煤炭企业纷纷考虑通过大量裁员和降薪来减少人工成本，但这一策略显然不是科学有效解决企业经营压力的办法，同时易引发劳动关系冲突，不利于社会和谐与稳定。同时，由于煤炭价格长期低迷，身处新兴能源富集地区的新建矿井也出现了利润空间急剧缩小的趋势，前期通过高薪、高福利政策补充人力资源缺口的方法难以长期为继。一方面是传统煤炭企业人力资源过剩，另一方面是新兴矿井自有人力资源配置不足且人力成本激增，矿业组合服务实践与理论应运而生。矿业组合服务提供商在管理、技术、安全、人力成本等方面都占据优势，迅速成为新兴能源富集地区多元化投资主体和矿权拥有者的"外力"和"外脑"，有力促进了煤炭行业的可持续发展。

大型煤炭基地矿业组合服务模式下，为保证大型煤炭基地业务的高效运转，一方面要求甲乙方企业之间实现最大限度的资源共享和业务流程协同；另一方面，乙方企业内部存在对身处异地提供组合服务的项目部进行涵盖生产、技术、质量和人力资源管理等业务的高效、快捷的远程管控要求。解决上述问题的主要途径是在大型煤炭基地建立一个基于面向服务架构(简称SOA)的信息应用系统，它既可以包容现有的应用又能满足未来新的应用需求，实现基地企业内部、企业之间信息的高度集成和流程协同，让应用系统能更快更灵活地适应矿业服务业务需求，从而支持大型煤炭基地矿业服务模式的有效运转。而架构这一高度复杂的信息系统，则需要从内涵与特征方面对矿业组合服务加以明确界定。

2.1 矿业组合服务概念、内涵和特点

2.1.1 矿业组合服务概念及内涵

矿业组合服务是指大型煤炭企业利用自身在管理、技术、安全和成本等方

面的知识与人力资源等优势为矿权拥有者提供煤炭开发专业化服务的共享行为。即提供商将自身的创新能力或生产能力经过重新配置，形成可提供的专业化服务，提供给矿权拥有者。

其内涵可包括以下几个方面：

(1) 矿业组合服务的对象是大型煤炭基地内部或外部的矿权拥有者。

现阶段，矿业组合服务的对象是大型煤炭基地内的煤炭资源拥有者，即矿权拥有者。这些矿权拥有者在煤矿管理、开采技术、安全、生产成本等方面相比矿业组合服务提供商而言处于劣势，因而亟须借助专业化组织的生产运营、技术和管理咨询等“外力”和“外脑”，来维持企业生存，推动企业持续发展。随着我国煤炭资源的耗竭，矿业组合服务的对象未来可延伸到“一带一路”沿线国家中拥有煤炭资源的矿权拥有者。这也是我国煤炭行业“走出去”，实现可持续发展的有效途径。

(2) 矿业组合服务的提供商既可以是大型煤炭生产企业，也可以是以大型煤炭企业为首、其他相关优势企业参与的矿业联合体。

提供商主要指的是拥有煤炭生产与加工领域丰富的人才、资金、技术等资源和管理经验，拥有健全的信息化工业平台，拥有矿井设计、工程建设、矿井开采、设备采购或租赁、煤炭销售等专业化服务的实力，完全有能力为大量缺乏管理、技术、安全、成本等优势的多元化投资主体和外部矿权拥有者提供煤矿开发全过程专业化服务的优势煤炭生产商，比如神东煤炭集团、徐矿集团等优势煤炭企业，也可以是以这些优势煤炭生产商为龙头、其他一些与煤炭生产与加工相关的优势企业参与的矿业联合体。

(3) 矿业组合服务的内容涵盖煤矿的全业务链。

矿业组合服务的内容以煤炭企业的基本业务链为依托，向整个煤炭行业的上下游延伸，最终形成“全业务链＋附加可增值价值链”的一体化服务体系。全业务链包含了煤矿开发过程的所有业务，包括矿井设计、工程建设、采煤、掘进、机电、运输、通风、调度、供排水、搬家倒面、煤炭加工、煤炭运输、煤炭销售等。伴随全业务链而生的附加可增值的价值链业务包括设备有偿托管与租赁、设备维修、矿井建设与生产技术及管理咨询等。

(4) 矿业组合服务的特征是资源共享。

矿业组合服务共享的资源是指矿业组合服务提供商的管理、技术、人力、设备等优势，可以归纳为生产能力和创新能力资源。其中，生产能力资源主要指煤矿开发过程中所需的人力、设备等资源；创新能力资源主要指煤矿开发过程中的智力资源，包括管理和技术等。通过互联网交易平台，缺乏生产能力和创新能力资源的多元化投资主体和矿权拥有者得以共享这些优势资源，达到其开采煤炭获取效益的目的；而服务提供商可以将自己的创新能力和生产能力整合再分配，盘活闲置资源，提供更丰富、更广泛的服务。

2.1.2 矿业组合服务特点

矿井组合服务区别于一般制造业、服务业外包及工程项目承包，主要有以下特点：

(1) 充分体现了矿权拥有者和服务提供商共赢的目标。

在矿业组合服务下，服务提供商除了利用自身的技术、管理、安全、成本等优势为矿权拥有者实现减员增效、提高企业竞争力、避免建设过程中的大量重复投资、降低投资成本等目标外，还能实现服务提供商的目标，即解决产能闲置问题，实现利润增加；能更好地对各专业化队伍实现战略、财务和职能管控；利用内部市场降低交易成本，构成的子系统能较好地降低成本和增加收益。双方以契约的方式结合在一起，取“对方之长”来“补己之短”，形成一个有机整体，只有这个整体的目标实现了，才能“各得其利”，并建立起长期合作关系。

此外，由于煤炭企业属于资源开采行业，矿业组合服务追求的不仅是矿权拥有者和服务提供商的降本增效，更为重要的是可对行业的运行生态起到一定的优化促进作用。因此，基于大型煤炭基地建设的总体要求和矿权拥有者的社会责任，服务提供商凭借其先进理念、责任意识、技术和管理优势，能有效解决煤炭资源开发导致的环境污染和生态破坏等问题，是实现国家、社会、矿权拥有者、承包商共赢的有效途径。

(2) 充分体现了创新能力和生产能力共享的共享经济理念。

目前，我国将共享经济作为新发展理念，增强共享经济创新力和竞争力，培育新增长点、形成新动能。共享经济在现阶段主要表现为利用网络信息技术，通过互联网平台将分散资源进行优化配置，提高资源利用效率的新型经济形态。大型煤炭基地矿业组合服务正是体现了共享经济的新发展理念，主要体现在两个层面：

一是创新能力共享。矿业组合服务中矿井建设和生产中的技术及管理咨询是创新能力共享中的知识技能共享，矿业组合服务可以将大型煤炭基地的建设、生产、运营管理等智力资源和服务能力进行共享，实现服务提供商与矿权拥有者有效对接。

二是生产能力共享。大型煤炭基地矿业组合服务可实现生产设备使用共享、生产资源开放共享和分散产能整合共享。生产设备使用共享可以将大型煤炭基地内闲置设备以租赁的方式出租给矿权拥有者，并可以辅助以设备运行指导、维修等服务；生产资源开放共享可以依托大型煤炭基地，整合上下游产业链资源，实现建设、生产、物流、运营、技术、资金等生产资源一站式的共享服务；分散产能整合共享可以将大型煤炭基地内的大量生产能力与灵活多样的生产需求进行高效智能匹配，实现产能对接流程的在线化、标准化与智能化。

矿业组合服务提供商通过有效地整合大型煤炭基地内外的知识技能、设备、产能等资源，将其共享给矿权拥有者，为其提供生产运营服务、设备托管和租赁服务、技术及管理咨询服务等，实现创新能力和生产能力的共享。因此，大型煤炭基地矿业组合服务很好地体现了创新能力和生产能力共享的共享经济理念。

(3) 充分体现了煤矿专业化和集约化的导向。

专业化是指对企业某些业务所实施的专业管理活动。经济学鼻祖亚当·斯密认为：分工和专业化的发展是经济增长的源泉，分工的好处在于能够获得分工经济与专业化经济，提高生产效率。对于复杂的业务通过分工更有利于实现专业化，更容易形成核心竞争力。专业化运营是指企业将功能、性质和业务相近的资源集中起来，或者借助外部专业化组织，利用其专业化技能，为企业提供专业化服务，进而减少企业管理层次，节约管理费用和人力成本，提高企业效率的运营方式。

煤炭企业专业化运营通常有以下几种实现途径或方式：一是部门职能专业化，对部门职能所需的人才、技术和资源进行集约化，然后再提供统一的专业化服务；二是产品专业化，现在煤炭企业常常沿着煤炭产业链进行布局，因此可以按相应的产品进行专业化，例如煤炭分选产品专业化公司、煤化工产品专业化公司等；三是作业专业化，将同类作业集中起来，例如综采、综掘、机电管理、物资管理等；四是辅助业务或服务性生产专业化，将某些辅助性生产或服务性生产分化出来，进而实现辅助生产、后勤服务专业化，例如搬家倒面、职工食堂运营管理、物业管理等。

集约化是指企业所进行的集约经营活动，是指在企业同一经营范围内，通过经营要素质量的提高、要素含量的增加、要素投入的集中以及要素组合方式的调整来增进效益的经营方式。集约化是现代企业提高效率和效益的基本取向。这里的“集”是指集合人力、物力、财力、管理等生产要素并进行统一配置；“约”是指在集中和统一配置生产要素的过程中，以节俭、约束、高效为价值取向，达到降低成本、高效管理的目的，促使企业集中核心力量，形成可持续发展的竞争优势。集约化的核心在于“集”，以资源优化配置为着力点，实现企业运行的“约”。

矿井生产运营是一个极为复杂、充满高度不确定性的系统工程，这就决定了矿井生产运营的专业化是有一定边界的。专业化程度越高，带来的协调和管理成本就越大；以资源优化配置为着力点的集约化范围越大，产生的内部交易成本就越小。专业化的边界就是“专业化导致的管控成本和集约化导致的内部交易成本之和”最小对应的专业化范围。

基于市场机制（专业化导致内部和外部的市场化），矿权拥有者可以将以生产为起点的采煤、掘进、机电、运输、通风、调度、地质、测量、通信、供排水、技术咨询、项目管理咨询、设备采购或租赁、煤炭销售等每一部分都拿出来单独外包，甚至可以将其中某一项的细分作业单独外包，即“小组合”，但这样会带来协调、监督、控制等成本增加。而根据委托代理双方的特定情景将业务组合起来的为“大组合”，这种矿业组合服务提供商将作为一种对市场机制的替代形式，既能实现专业化的优势，又能实现集约化的资源优化配置。换言之，矿业组合服务提供商利用其自身的技术、管理、成本优势和设备集聚能力可以为矿权拥有者提供专业化和集约化的服务，实现矿权拥有者的既定目标。

（4）充分体现了大型煤炭基地闲置产能的有效利用和资源的优化配置。

目前，我国煤炭行业面临着重要的“减量”态势：一是煤炭需求将呈现出长期下降趋势；二是新能源增长和进口煤炭对国内市场的“挤占效益”日益明显；三是环境质量要求限制了煤炭消费，煤炭需求日益减少。为此，大型煤炭基地产能闲置问题日渐突出。

产能的闲置，意味着大型煤炭基地的技术、人力、设备、管理、资金等资源没有得到充分利用，换言之，这些资源有剩余或富余，若不加以利用，势必造成浪费，并增加了大型煤炭基地企业的成本。而走出去为其他矿权拥有者提供矿业组合服务，就可以将这些富余的资源重新配置到所需要的煤炭企业，一方面使得这些富余的资源得到优化配置，另一方面也使得闲置的产能得到了有效应用，一举两得。

2.1.3 矿业组合服务理论架构

矿业组合服务理论研究，需要解决以下几个问题：一是矿业组合服务体系中各相关方的业务分工与联系；二是矿业组合服务的基本模式类型；三是矿业组合服务模式下的组织管理体系。

（1）矿业组合服务体系中各相关方的业务分工与联系。

如图2-1所示，矿业组合服务体系中的相关方包括矿权拥有者、组合服务（矿井建设与生产等）提供商和咨询服务（技术与管理咨询）提供商，其中咨询服务提供商还分为为矿权拥有者提供服务的服务提供商和为主体服务提供商提供服务的服务提供商两类。矿权拥有者在体系当中承担主要的管理职责，在业务发包环节，负责业务发包的信息发布和招标工作；在服务活动执行过程中则进行过程监管和资金控制。服务矿权拥有者的咨询服务提供商，目前主要在业务发包过程中出现，主要负责管理体系的设计和发包技术文件的标准制定与招标活动中的审标活动。组合服务提供商和为其服务的咨询服务提供商的主要活动集中在矿业开采与开发活动中。

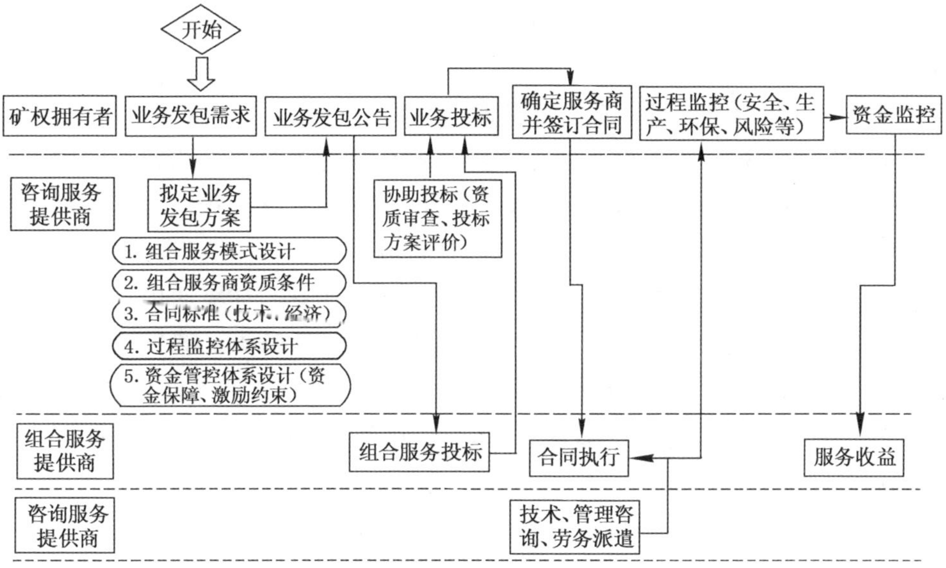

图2-1 矿业组合服务体系中各相关方的业务分工与联系

(2) 矿业组合服务的基本模式类型。

遵循功能完整性和独立性、技术可行性、经济合理性、成本核算独立性等原则，通过“大组合”+“小组合”，细分大型煤炭基地矿业组合服务模式达万余种，矿业组合服务的基本模式如图 2-2 所示。

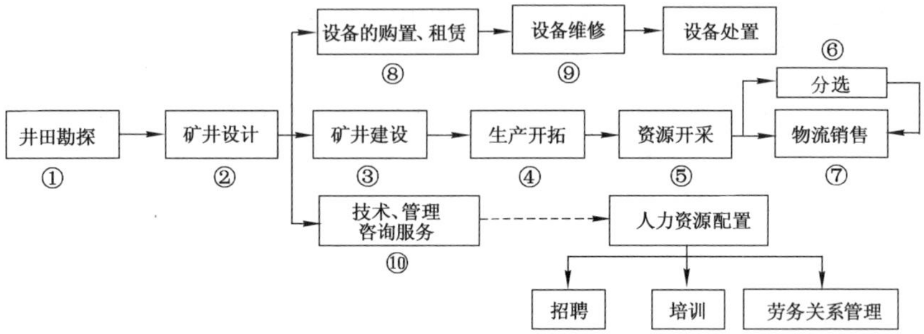

图 2-2　矿业组合服务的基本模式

矿业组合服务的基本模式可分为 10 类，分别为：井田勘探、矿井设计、矿井建设总承包、矿井生产运营总承包、分选加工承包、运销承包、设备有偿托管与租赁、设备维修、矿井建设与生产技术及管理咨询等模式。实际最典型的有矿井生产运营总承包、设备有偿托管与租赁、矿井建设与生产技术及管理咨询模式。

(3) 矿业组合服务模式下的组织管理体系。

矿权拥有者和服务提供商作为单独的个体，通过矿业组合服务合同构成了一个有机整体。无论是矿权拥有者，还是服务提供商，以及双方内部各部门之间，部门员工之间，都必须依靠一套机制进行分工合作。矿业组合服务模式中的基础管控关系包括资质管控、过程管控和资金管控三大模块，如图 2-3 所示。

资质管控模块的核心是准入机制。准入机制是服务提供商进入矿业组合服务平台的条件，是所提供服务质量的保障。服务提供商准入机制主要包含 8 个方面：企业资质、队伍素质、技术水平、材料设备、管理水平、安全、资源综合利用与环保、企业文化等。

过程管控模块的内容包括组织保障、绩效考核和风险管理等内容，利用这一套机制解决矿业组合服务关系中各组成部分的行为模式，解决“部门设置、管理制度、考核方法、风险识别与防范和技术保障”等问题。其实施过程可以归结为四大体系建立，即组织管理体系、绩效考评体系、风险管理体系和保障体系，

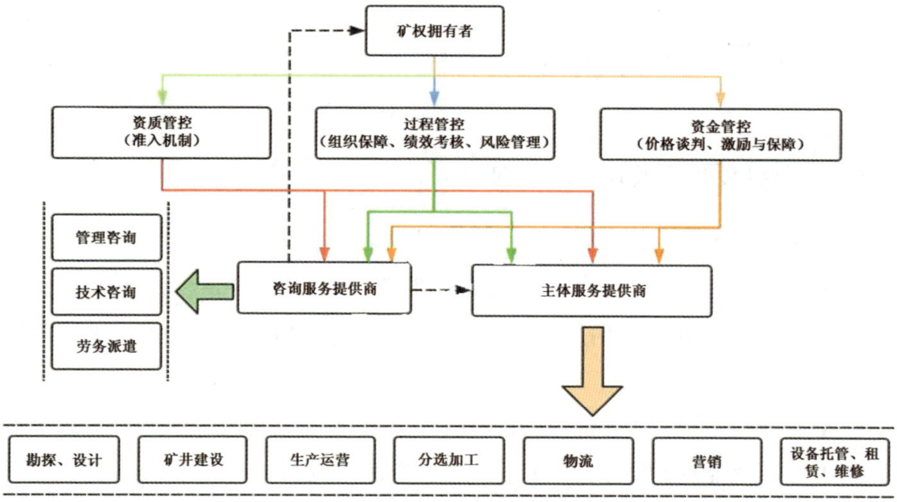

图 2-3　矿业组合服务模式中的基础管控关系示意图

每个体系都包含具体的内容,其中保障体系资金部分的保障职能属于资金管控模块。例如,组织管理体系包括组织目标、组织结构、业务流程、管理制度和运营标准等,也包含了委托方和承包方的组织目标、组织结构,以及矿井生产外包项目部的职责、部门设置与定编定员和承包方的岗位设置、素能标准、岗位职责、业务流程、管理制度和运营标准。绩效考评体系包括委托方对承包方的绩效考评和承包方内部的绩效考核两个子体系,还包括委托方和承包方的绩效考评制度。风险管理体系包括委托方风险管理体系和承包方风险管理体系,具体包括双方风险因素、风险评价指标和风险管理策略。保障体系包括组织结构、人力资源、制度机制、设备物资、技术、信息化平台等方面。

资金管控模块,从价格形成、激励和资金保障等方面建立矿业组合服务运行机制。价格形成机制是连接服务提供商与市场的纽带,是双方定价的依据。主要采用成本定价和案例定价相结合的矿业组合服务定价方法,成本定价主要核算实际成本,决定服务承包商成本,案例定价主要与市场接轨,决定服务提供商和矿权拥有者利润。对于激励和约束机制,矿业组合服务供需双方的激励和约束因素包含指向、功能和重要性三个维度,内容主要包括:产品质量和数量、吨煤承包成本确定和动态调整、安全目标、资源综合利用与环保、强势企业先进文化等五方面。矿权拥有者承担资金保障的基本职责。

2.2 矿业组合服务模式

2.2.1 矿业组合服务模式概念及内涵

模式即“模型、模范、样式”，是对客观事物内在机制和事物之间直观的、简洁的描述，能够向人们表明事物结构或过程的主要组成部分和相互联系。服务模式是指为服务形成所使用的、具有一定业务功能的服务过程集合及相关服务集合。

矿业组合服务模式是指矿业组合服务提供商将煤矿开发全过程业务链及其附加的可增值业务单元按照一定原则组合而成的各项专业化服务方式。

其内涵包括：

(1) 矿业组合服务模式是煤矿各业务单元按照一定原则组合而成的各项专业化服务方式。

各业务单元可以按照一定的原则，通过组合形成各种不同的煤矿专业化服务方式，而这些专业化服务方式就是矿业组合服务中的各种专业化服务模式。矿业组合服务的每一种模式都有自身的个性化特点，本书重点研究并示范了矿井生产运营总承包、矿井建设与生产技术及管理咨询服务、设备有偿托管与租赁服务这三种典型的矿业组合服务模式。

(2) 矿业组合服务所提供的是煤矿开发全业务链及其附加的可增值业务服务。

煤矿开发全业务链包含矿井设计、矿井建设、煤炭生产、煤炭加工、煤炭运销等业务及其各业务组件，煤矿开发全业务链上附加的可增值业务包括设备有偿托管与租赁、设备维修、矿井建设与生产技术及管理咨询等业务及业务组件。

(3) 矿业组合服务可对外提供单项业务或组合业务的服务。

对于煤矿开发的全业务链和价值链，矿业组合服务可对大型煤炭基地内外的矿权拥有者或者新进入煤矿的多元化投资主体提供单项业务服务，也可提供多个业务组合后的服务。

(4) 矿业组合服务模式是服务提供商为需求商提供的一套服务范式。

矿业组合服务模式就是一种方法论，它是对矿业组合服务问题进行系统分析和研究，总结其一般规律后形成的理论体系，是矿业组合服务的理论和方法根基，具体包括矿业组合服务的一套工作方法、步骤、工具和技术体系。如掘进、采煤、运输、加工等核心流程在煤炭企业生产过程中大量的不断重复出现，通过矿业组合服务模式提供的方法论体系，可以整理、总结出矿业组合服务的服务内容、业务组件，进而进行服务组合和优化设计。

2.2.2　矿业组合服务模式构建

在矿业组合服务模式概念中，我们提到了业务单元，这些业务单元是构成不同矿业组合服务模式的基本组件，简称业务组件，为了构建矿业组合服务模式，有必要对业务组件的概念进行界定。

2.2.2.1　业务组件概念及内涵

业务组件是按照一定的原则将煤矿开发全过程业务链和价值链分解成可独立提供服务且可灵活组合的最小业务单元。

其内涵如下：

(1) 业务组件是功能独立的最小业务单元。

业务组件的功能可独立，它并非某道工序，而是完成某项功能的一组工序或活动的集合，是构成矿业组合服务模式的基本单位。各组件可以独立运行、独立核算，组件内部各个工序的凝聚力强，且工序顺序基本稳定。矿业组合服务中，业务组件可以独立作为一种专业化服务提供给矿权拥有者，因此，它具有功能上的全备性，是矿业组合服务中可独立提供专业化服务的最小单元。

(2) 每个业务组件都带有合理的资源。

业务组件是带有人力、设备、物资等资源的，例如搬家倒面业务组件带有安装队、服务队、车队等三个队伍，有相应的设备和物资，业务组件就是汇集资源耗用的第一对象。业务组件可以形成业务组件库，进行资源合理配置后可以形成资源库。业务组件库是矿业组合服务模式优化选择、成本核算的依据，资源库是多矿井资源调度和配置的依据。

(3) 各业务组件可以单独或通过组合形成不同的矿业组合服务模式。

业务组件主要指煤矿开发过程中的设计、建设、采煤掘进、机电、运输、通风、供排水、搬家倒面、分选、加工、运销、调度等，此外还包括设备租赁/托管、设备大修、矿井建设咨询、矿井生产技术咨询等。各业务组件可以单独或组合形成矿业组合服务模式。例如，“采煤＋掘进”可以形成矿井生产承包的组合服务模式，又如“采煤＋掘进＋辅助生产＋管理”可以形成矿井生产运营总承包的组合服务模式。

通过业务组件的合理组合，可以充分挖掘矿业组合服务提供商规模经济、生产能力、创新能力等方面的潜质，缩短服务时间，降低服务成本，提高服务质量；同时，不仅可以不断审视并充分利用服务提供商内部的现有资产和功能，还可以整合外部优势企业拥有的专业化功能和业务组件等资源，实现矿业组合服务提供商及需求方的利益或价值最大化，达到多方共享共赢的目的。

2.2.2.2　业务组件划分

系统的分解与组合理论认为，系统按一定的原则可以被分解成若干个子系统，并为满足一定的要求，把若干个子系统按照新系统的要求有机地结合起来，组成一个具有新功能的新系统，这个过程就是分解与组合。这一理论在设计、汽车制造、软件开发、建筑工程等行业应用比较广泛。下面我们应用该理论对矿业组合服务业务组件进行划分。

矿业组合服务的内容涉及煤矿开发全业务链和价值链，包括矿井设计、矿井建设、煤炭开采、煤炭分选加工、生产运作管理、采购管理、信息管理、设备管理、人员管理、安全管理、咨询等诸多生产和管理业务单元，可以说，矿业组合服务是个复杂大系统。要构建合理的矿业组合服务模式，必须先对构成矿业组合服务模式的最小单元——业务组件进行划分。

(1) 业务组件划分原则。

基于系统分解与组合理论，采用一定的原则对矿业组合服务系统进行划分和组合，是形成矿业组合服务模式的基本要求。一般在矿业组合服务系统中，业务组件划分需遵循以下原则：

① 功能完整性和独立性原则。

矿业组合服务的各业务组件应具有能够独立完成某项业务需求的完整功能，又可以满足不同维度的组合需求。每个业务组件要达到这个原则，必须要求各业务组件的内聚性最大、边界清晰。也就是说，每个业务组件不能再分解了，并且每个业务组件之间有清晰的边界，相互之间的业务没有交叉。依据此原则可以把煤矿开发的业务活动划分为若干个合理的业务组件。这些业务组件可以单独或组合形成矿业组合服务模式。

② 技术可行性原则。

矿业组合服务的各业务组件都承载着煤矿设计、建设、生产和运营管理的各项职能，每一个职能都是在一定的技术要求下完成的。例如，采煤业务组件必须符合煤矿有关采煤工程的技术要求，掘进业务组件必须符合煤矿有关掘进工程的技术要求。在业务组件划分时，必须考虑技术可行性，不能违背技术可行性划分业务组件。例如，不能将采煤与掘进的部分工序划出来组成一个业务组件。换句话说，每个独立的业务组件内部的各工序或各活动都按一定技术要求有序衔接、有效运行。

③ 经济合理性原则。

根据煤矿生产经营的复杂程度，按照功能独立和技术可行性原则，可以决定业务组件的规模与数量。从单个业务组件的角度来看，业务组件的规模越小越好，可以保证其功能的独立性且技术实现的可靠性水平较高，控制成本相对较小。但同等生产规模下，组件的数量就越多，在进行服务组合时，业务组件间组合接口增多，技术衔接、生产接续的管控与协调工作量增大，且风险水平随之增高，造成系统整体的效率与可靠性降低，致使总体效益水平降低。若为了降低组件间接口数量，扩大组件空间边界，又会造成服务提供商博弈能力过强，管控成本上升的问题。因此业务组件的划分要从整个服务系统全局着眼，考虑其经济合理性，找到业务组件控制成本与组合成本的总成本最低的组件数量区间，如图 2-4 所示。其中，预期可接受成本与总成本线所限定区间均为可选区间。

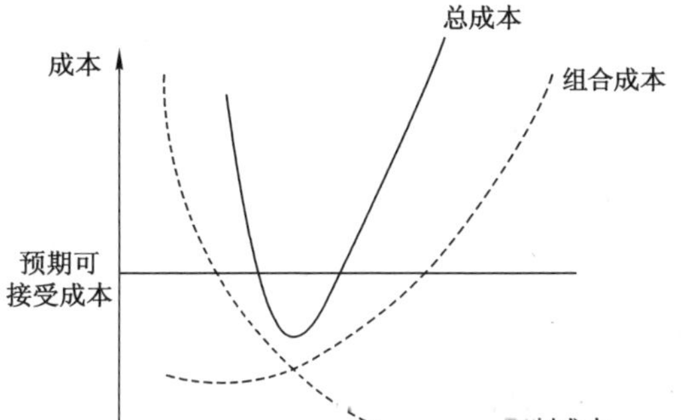

图 2-4　业务组件数量与成本的关系

④ 成本核算的独立性。

矿业组合服务的成本核算主要采用成本定价法，成本核算的最小单元就是业务组件。因此，业务组件应具有使用、消耗资源的独立性，可以进行独立成本核算，如掘进、采煤、分选加工等。由于业务组件自带资源，因此在矿业组合服务成本核算过程中，只需要将矿业组合服务中各业务组件理清，各业务组件成本是已核算好的，矿业组合服务定价便是在各业务组件成本加总的基础上加上一定的利润比例即可。因此，业务组件成本独立核算也是矿业组合服务定价的关键。

（2）业务组件化的主要步骤。

煤矿的生产与管理具有典型的项目管理特点，在矿业组合服务业务组件划分时可以将项目分解结构分解技术与工作分解结构分解技术结合使用。业务组件的划分步骤如表 2-1 所列。

表 2-1　业务组件划分步骤

阶段划分	业务步骤
分析阶段	了解煤炭企业基本运作 梳理煤炭企业业务流程 明确煤炭企业各业务中作业内容
设计阶段	建立业务组件划分的原理、原则 确定使用的划分方法
分解阶段	进行矿业组合服务业务组件的划分 形成业务组件库和资源库

具体步骤如下：

① 将矿业组合服务视为一个整体，矿业组合服务的服务范围涵盖了煤矿开发全业务链的全部业务，对煤炭企业业务流程进行梳理，明确服务范围和内容。

② 按照业务组件划分原则，运用项目分解结构的方法将煤矿开发全业务链的业务流程分解为若干个专业化服务业务，这些专业化服务业务间满足松耦合特点，而且符合功能独立、技术可行和经济合理原则，划分后每个专业化服务业务可以单独满足某一类煤矿建设、生产或运营管理的需求，形成单个业务。

③ 根据工作分解结构的原理，按照专业化服务业务组件内部活动的技术内聚性强的要求，在划分业务的基础上，划分功能独立、技术可行、经济合理的业务组件，形成业务组件。

④ 构建业务组件库。经过矿业组合服务业务组件划分后形成树形层次性结构：一级业务、二级业务或组件、三级业务组件的树形结构。

（3）业务组件清单。

根据业务组件的划分原则和划分方案，对煤矿开发全业务链进行业务组件划分，形成业务组件清单，如表 2-2 所列。

表 2-2　矿业组合服务业务组件清单

一级业务	二级业务/业务组件	三级业务组件	业务内容
矿井设计	新建矿井		项目开发建设总体布局的设计方案
	改扩建矿井		改扩建项目安全设施实施的设计方案
矿井建设	井下建设	井筒	井筒、井底车场巷道及硐室、主要石门等的掘进工程
		开拓巷道	运输大巷及采区巷道等掘进工程
		准备巷道	采区上（下）山、区段集中巷、区段石门、采区车场等掘进工程
		钻孔管路	供排水钻孔、供电钻孔、井下输料钻孔、反井钻立眼、探放水钻孔、灌浆钻孔等工程。
		瓦斯抽采	煤层、岩层和采空区中的可燃气抽出或排出工程
	地面建设	提升设施	主井、副井场地及联建楼，栈桥设施建设工程
		供电设施	变电站场地、供电线路等建设工程
		通风设施	回风井场地及设施，进风井场地及设施建设工程
		辅助设施	机修厂、物资供应厂房、热风炉房、空气加热室、井下输料设施的建设工程
		行政福利设施	办公楼、食堂、宿舍的建设工程
	安装工程	设备安装	各类机电设备的安装、调试
煤炭生产	采煤	综采（普采）	煤炭开采
	掘进（回采巷道）	连采（综掘）	巷道掘进
	机电		各类机电设备的日常管理和修理
	运输		主运煤及提升系统的日常管理和维护
	通风		矿井通风方式和通风网络的管理和维护
	搬家倒面		综采工作面安装、回撤、通道支护、顺槽胶带机安装

表 2-2(续)

一级业务	二级业务/业务组件	三级业务组件	业务内容
煤炭加工	分选		湿法和干法分选，除杂排矸，对原煤进行分级
煤炭运销	煤炭外运		铁路、公路、海路运输及流通加工
	煤炭销售		煤炭销售
设备管理	设备托管		托管设备的一般性日常维护服务
	设备租赁		各类设备的融资及经营性租赁
设备维修	设备大修		各类机电设备的维修
	设备小修		
矿井建设与生产技术及管理咨询	建井技术管理咨询	矿井建设组织管理、地勘、造价、安全等	协助、管理矿井建设工程
	生产技术管理咨询	生产辅助技术	
		工作面技术	综采或综掘工作面技术组合咨询
		重大技术咨询与救助	矿灾矿难、地方自然灾害的救灾活动
		地质、机电、安全	人员技术及安全培训

矿业组合服务内容包含了煤矿开发全业务链及价值链上的全部服务，主要有矿井设计、矿井建设、煤炭生产、煤炭加工、煤炭运销和煤矿开发全业务链上附加可增值业务，主要有设备有偿托管与租赁、设备维修、矿井建设与生产技术及管理咨询，共 8 个一级业务组件。每个一级业务组件下分别划分了若干二级业务组件，二级业务组件共 20 个。部分二级业务组件下划分若干三级业务组件，三级业务组件共 18 个。

（4）业务组件库。

通过对业务组件进行编码，使矿业组合服务组成更加容易辨识，使业务组件和资源配置形成映射关系，既方便为矿权拥有者提供服务又使企业管理更加便捷。

所谓编码是指对矿业组合服务中的各业务组件给予相应编号，形成该业务组件的唯一标识。

编码采用了线分类法和分层次编码方法，将矿业组合服务的业务组件划分为三级，一级组件用汉语拼音字头编码表示，用 2 位汉语拼音字头表示，业务组件清单中共有一级组件 8 项。一级业务组件下设二级组件，用 2 位阿拉伯数字按顺序进行编码表示。二级组件下设三级组件，用 2 位阿拉伯数字按顺序进行编码表示。

根据业务组件的层次结构，其编码业务呈现出结构性，以“煤炭生产”一级业务为例，其业务组件的编码结构如表 2-3 所列。以生产的首字母 SC 作为该一级业务的编码，其下设二级业务/业务组件依次编码为 01、02、03、04、05、06，二级业务下若设有三级业务组件，则编码按 01、02 等顺次编码。全部业务组件编码如表 2-3 所列。

表 2-3 矿业组合服务组件编码

一级组件	编码	二级组件	编码	三级组件	编码
矿井设计	SJ	新建矿井	01		
		改扩建矿井	02		
矿井建设	JS	井下建设	01	井筒	01
				开拓巷道	02
				准备巷道	03
				钻孔管路	04
				瓦斯抽采	05
		地面建设	02	提升设施建设	01
				供电设施建设	02
				通风设施建设	03
				辅助设施建设	04
				行政福利设施建设	05
		安装工程	03	各类设备安装	01
煤炭生产	SC	采煤	01		
		掘进(回采巷道)	02		
		机电	03		
		运输	04		
		通风	05		
		搬家倒面	06		
煤炭加工	JG	分选	01		
煤炭运销	YX	煤炭外运	01		
		煤炭销售	02		
设备管理	SG	设备托管	01		
		设备租赁	02		

表 2-3(续)

一级	编码	二级	编码	三级	编码
设备维修	SW	设备大修	01		
		设备项修	02		
管理与技术咨询	ZX	建井技术管理咨询	01	矿井建设组织管理、地勘、造价、安全等业务	01
		生产技术管理咨询	02	工作面技术咨询	01
				重大技术咨询与救助	02
				培训	03

2.2.2.3　业务组件资源配置

(1) 业务组件资源配置及资源库。

业务组件资源配置是指矿业组合服务的每个业务组件与其相关资源之间形成的对应关系。虽然每个业务组件所需的资料数量、规格等不一定完全相同,但基本可以归纳为人员、设备、物资、资金等。业务组件资源配置需求就是指矿业组合服务的每个业务组件所需的资源,这些资源就形成了业务组件对应的资源库。业务组件与资源配置之间的关系如图 2-5 所示。

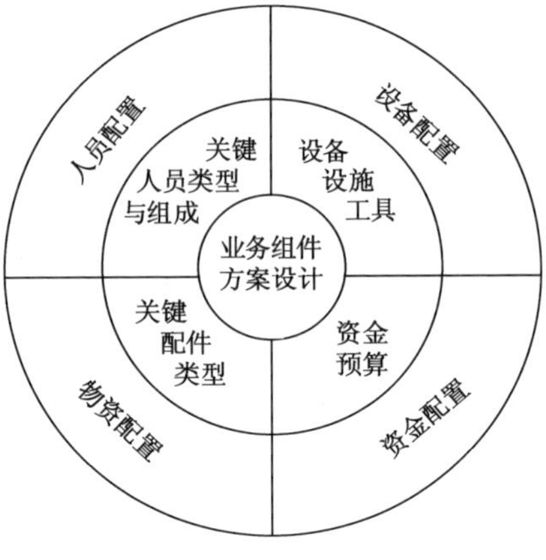

图 2-5　业务组件与资源配置的关系

在大型煤炭企业中,上述资金、物资两类资源已经实现了集中管控,业务单位在资金使用方面由企业统一划账、报销,物资方面采用集中采购、领用的方式,物资成本可以根据具体企业制定的材料消耗定额进行计算。因此,本研究在构建业务组件的资源库时主要考虑设备(含大型配件)、人员两方面的配置,并按矿井年产规模、采高等参数确定设备(含大型配件)配套和人员配置方案。

以综采为例,综采是采煤业务的常见开采方式,综采队的人员岗位工种主要有综采采煤机司机、综采支架工、综采采煤机维修工、综采输送机司机、综采输送机维修工、综采单体支柱工、综采乳化液泵站司机、综采电钳工、采煤爆破工、综采支架安装撤除工、综采运输机安装撤除工等。综采设备和大型配件有采煤机、刮板输送机、带式输送机、转载机、液压支架、泵站等。综采业务需要的物资类型十分丰富,涉及金属材料、油脂材料、采煤机配件等,常见的有精滤芯、粗滤芯、轴齿轮、辅助泵 、调高泵、内齿轮、高压胶管等。综采业务组件资源配置如表 2-4 所列。

表 2-4　综采业务单元的资源清单及计算表

资源类型	业务单元:开采(综采)						
	工作面采高:	工期:	工作面推进长度:		工作面长度:	日工作班数:4	年生产天数:
人员类型:综采队 4 个	采煤机司机	支架工	面溜司机	转载机司机	泵站司机	外围看转	外围达标
人员数量 n_i	12	2	1	1	1	2	6
人员工资率 g_i	78 元/刀	6.26 元/组	75 元/部·人	65 元/部·人	65 元/部·人	55 元/部·人	45.5 元/工
人员成本 P	$P=\sum n_i \times g_i$						
设备类型:综采设备 1 套	采煤机	刮板输送机	转载机	破碎机	液压支架	可伸缩带式输送机	……
设备数量 m_i	1	1	1	1	1	1	
设备型号/装机功率	2 390 kW	3×1 000 kW/3.3 kV	522 kW/3.3 kV	522 kW/3.3 kV	支护强度:1.22～1.25 MPa	3×500 kW	4×280 kW
单位购置或租赁费 b_i							
单位折旧 b_j							
设备成本 B	$B=\sum m_i(b_i+b_j)$						

(2) 构建业务组件资源库。

通过构建业务组件资源库可以使业务组件和资源配置形成映射关系,为方便管理,需对资源配置进行编码,其编码具有结构性,标识方法采用字母与数字的组合方式。资源类型和资源构成用 2～4 位汉语拼音字头编码表示,资源名称用 3～5 位阿拉伯数字按顺序进行编码表示,资源名称下设的明细也采用 3～

5位阿拉伯数字按顺序进行编码表示。

每个组件与其资源配置构成了资源库，资源库的编码在资源配置编码的基础上与业务组件代码对应，通过“业务组件代码＋资源库名”可以实现对资源业务组件资源配置信息的调用。资源库名用其汉语拼音字头“ZYK”编码表示，业务组件代码使用组件原有代码。以二级业务组件“采煤”为例，采煤业务资源库代码为SC01ZYK，表2-5列出了SC01ZYK的组件库编码及其资源配置编码。

表2-5　综采资源编码

组件库代码		资源类型	代码	资源构成	代码	资源名称	代码
组件代码	资源库						
SC01	ZYK	人员	RY	综采队	ZCD	采煤机司机	01
						采煤机维修工	02
						输送机维修工	03
						单体支柱工	04
						输送机司机	05
						……	……
				……			
		设备	SB	综采工作面设备	ZCSB	采煤机	01
						液压支架	02
						刮板输送机	03
						转载机	04
						泵站	05
						……	……
				……			
		物资	WZ	配件	ZCPJ	支架配件	01
						采煤机配件	02
						……	……
				……			

2.3　矿业组合服务机制

矿业组合服务需要建立一套有效的运行机制，既能确保共赢，又能将合作双方紧紧捆绑在一起协同发展。“机制(mechanism)”一词最早源于希腊文,原指机器的构造和动作原理。后来,机制一词进入经营管理领域,用经营管理机制表示一定时期某经营管理主体经营管理构成要素之间相互联系和作用的关系及其功能。在任何一个系统中,机制都起着基础性、根本作用。在理想状态下,有了良好的机制,甚至可以使一个社会系统接近一个自适应系统(在外部条件发生不确定变化时,能自动地迅速作出反应,调整原定的策略和措施,实现优化目标)。为保证矿业组合服务顺利进行,相应机制应包括价格形成机制、激励约束机制和准入机制。

2.3.1 价格形成机制

2.3.1.1 成本构成

矿业组合服务成本核算主要采用成本定价法,以反映煤矿开发全业务链及价值链上的全部生产和经营成本。矿业组合服务中,煤矿开发全业务链为:矿井设计、矿井建设、煤炭生产、煤炭加工、煤炭运销,煤矿开发全业务链上附加可增值业务包括:设备有偿托管与租赁、设备维修、矿井建设与生产技术及管理咨询。矿业组合服务成本是指煤矿开发全业务链和全业务链上附加可增值业务中用于矿业组合服务的业务组件组合成本。

煤矿开发全业务链成本包括煤炭资源成本、设计成本、建设成本、生产成本、加工成本、运销成本、安全成本、环境成本和发展成本等,如图 2-6 所示。

资源成本包括煤田勘探费、采矿权使用费、探矿费、煤炭资源税等项目;设计成本主要指新建矿井的设计成本;建设成本指矿井井下建设、地面建设、安装工程等相关成本;生产成本是煤矿开发全业务链中比例最大的部分,指煤炭生产过程主辅生产和生产辅助中的直接、间接成本;加工成本是指煤炭分选加工成本,运销成本是指煤炭外运和销售等成本;安全成本是指煤炭企业按照规定标准提取,在成本中列支,专门用于完善和改进企业或者项目安全生产条件的资金,主要包括安全预防成本和安全损失成本两部分;生态环境成本主要包括资源耗减占用成本、生态环境损害成本、环境保护与污染预防成本、环境恢复和治理成本、环境影响成本、自然资源再生成本及环境改善成本等;发展成本包括维简费、地面塌陷补偿费、转产发展基金等。

煤矿开发全业务链上附加可增值业务相对比较单一,设备有偿托管与租赁、设备维修、矿井建设与生产技术及管理咨询等业务依据相应的市场行情,由

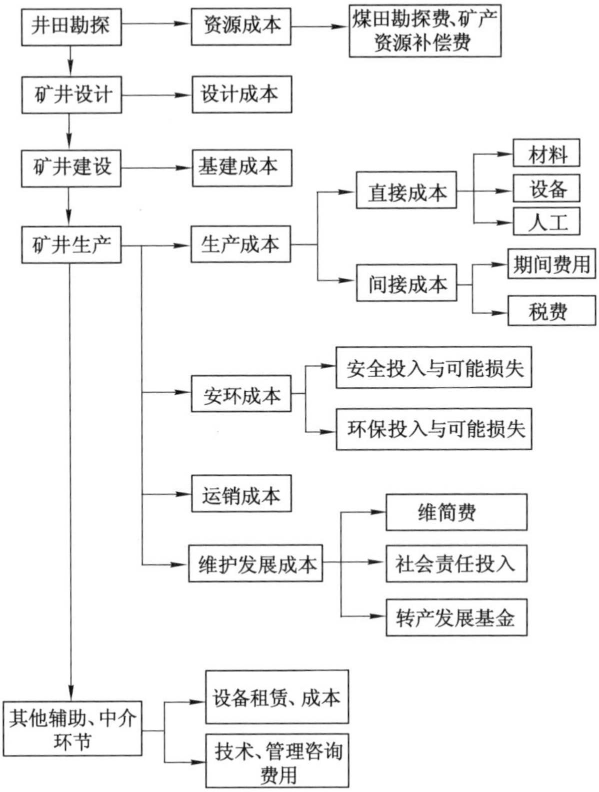

图 2-6　煤矿开发全业务链成本

双方协商确定。

2.3.1.2　定价思路及方法

矿业组合服务定价要满足两方面要求：一方面要满足服务提供商成本和利润要求；另一方面要与市场接轨，满足矿权拥有者成本和利润要求。无论是服务提供商还是矿权拥有者，其成本和利润要通过成本定价法和案例推理法来确定。对于服务提供商，成本按照提供服务的业务组件价格之和来计算，利润按照国家标准和市场规则，在成本的基础上乘以利润率；对于矿权拥有者，成本即服务提供商成本和利润之和，利润则按煤炭吨煤销售价格乘以销售量再减去成本计算。

$$C = \sum_{i=1}^{n} c_i \times (1 + r) \tag{2-1}$$

$$P = N \times p - C \tag{2-2}$$

公式(2-1)中，C 为矿权拥有者总成本，c_i 为特定组件成本，r 为服务提供商利润分成；

公式(2-2)中，P 为矿权拥有者利润，N 为煤炭销量，p 为煤炭价格。

(1) 定价思路。

矿业组合服务定价思路中，因各业务组件和成本特点不同，具体采用的定价思路不同，如图 2-7 所示，具体可分为以下四种情况：

① 定额成熟且已在区域内进行市场化运作的业务组件(如设备安装与回撤、辅助运输等组件)，直接以定额为依据，综合考虑业务量大小、作业环境差异、煤炭资源价格波动等因素测算其服务价格。

② 定额不太成熟或价格未得到市场认可的业务组件(如综采、掘进等组件)，依其成本构成清单及相关资源的现行市价测算其服务价格。

③ 对诸如矿井后勤服务等成本的计算，虽包含内容较繁杂，但主要是人工费，因此按照市场价格直接计算人工费、相关耗材费等即可。

④ 对于诸如安全、环保等成本、各类税费则按照国家文件规定按比例提取即可。

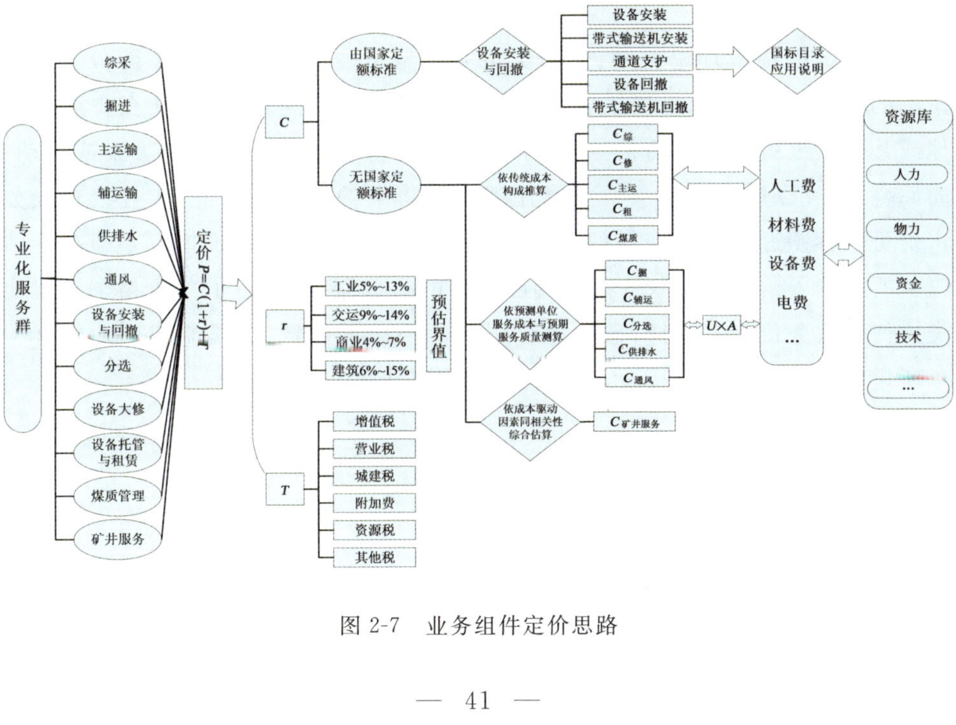

图 2-7　业务组件定价思路

(2) 定价方法。

根据矿业组合服务中业务组件定价思路,可知矿业组合服务定价主要采用成本定价法和案例定价法。成本定价法即按照煤矿开发全业务链和附加增值链中实际发生的各项直接、间接成本来定额计算成本;案例定价法即参照市场中已发生的较为成熟的实例来定价。矿业组合服务定价是成本定价法和案例定价法的结合,二者只有结合起来,矿业组合服务价格才能与市场接轨,矿权拥有者需求才能满足,服务提供商才能获利。

① 成本定价法。

矿业组合服务成本定价方法是定额成本法和业务量清单计价法的结合。定额成本法是企业为了及时地反映和监督生产费用和产品成本脱离定额的差异,加强定额管理和成本控制而采用的一种成本计算方法。该成本计算方法主要适用于定额管理制度比较健全,定额管理基础工作比较好,产品生产已经定型,各项消耗定额比较准确、稳定的企业。矿业组合服务成本定价采用定额成本资料,以保证测算的可操作性。此外,借鉴项目管理中的工程量清单报价法的思想和基本原理,依照每个组件和每种类型的组合服务业务量大小、所耗资源类别和数量、辅助服务体统情况等因素进行价格测算。

② 案例定价法。

根据案例决策理论可知,任何决策尤其是不确定性决策,至少部分是基于案例的。也就是说,如果决策者面对一个需要解决的问题,那么他至少可以在他或其他人过去所解决的相类似的问题案例中寻求解决该问题的方案或行动。简而言之,可以用过去的事情去类比现在或将来的事情。由此,矿业组合服务定价可以参照近期已经交易的类似服务价格来类比该服务价格。亦即在待估服务所在的子市场中寻找一些近期已交易的类似服务,用它们的价格来近似地类比待估服务价格。这样,矿业组合服务价格即可确定,这是判定矿业组合服务所定价格是否与市场接轨、是否符合市场需求的重要方法。

2.3.2 激励和约束机制

2.3.2.1 激励与约束因素

建设矿业组合服务模式中的机制,目的在于确保双方在委托代理各阶段的参与约束和激励相容约束,同时为了尽可能地使代理人从自身利益的效用最大化出发,自愿或不得不选择与委托人标准或目标一致的行动。

矿业组合服务激励与约束机制(以下简称激励约束机制)具有以下特征:一是内在性,矿业组合服务激励与约束机制是矿业组合服务管理系统的内在结构与机理,其形成与作用是完全由自身决定的,是一种内运动过程。二是系统性,激励约束机制是一个完整的有机系统,具有保证其功能实现的结构与作用系统。三是客观性,任何组织,只要其客观存在,其内部结构、功能既定,必然要产生与之相应的激励约束机制,这种机制的类型与功能是一种客观存在,是不以任何人的意志为转移的。四是自动性,激励约束机制一经形成,就会按一定的规律、秩序,自发地、能动地诱导和决定甲乙双方的行为。五是可调性,激励约束机制是由矿业组合服务的基本结构决定的,只要改变其基本构成方式或结构,就会相应改变激励约束机制的类型和作用效果。六是动态性,激励约束机制的适应性会随着影响其内外因素的变化而变化。如图 2-8 所示。

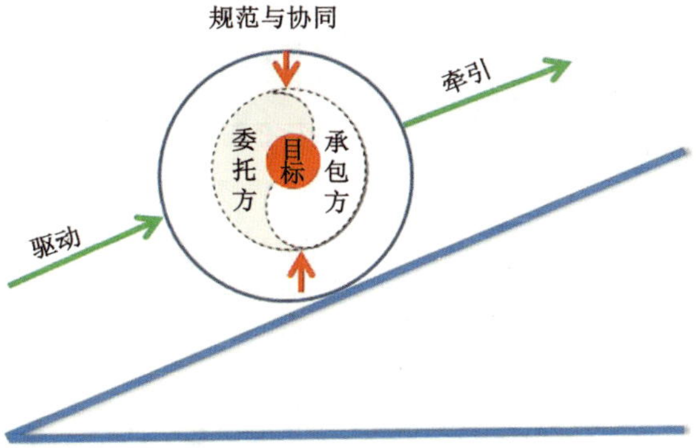

图 2-8　激励约束机制作用

显然,矿业组合服务作为一种复杂的运营系统,其最高境界就是构建“自适应”状态,使矿业组合服务系统各要素(例如人才配置和机构设置)能主动逼近最优配置和快速响应市场变化。

甄选和识别出关键的激励约束因素是构建激励约束机制的前提条件,只有做到“精准发力”和“有的放矢”,才能确保目标的实现。20 世纪 50 年代末期,赫茨伯格及其同事对匹兹堡附近一些工商业机构的约 200 位专业人士做了一次调查,总结形成了双因素理论。基于前面的委托代理分析结论和赫茨伯格提出的调查访问法,在实践经验和专家访谈的基础上,对激励约束机制的影响因素按以下三个维度进行识别:一是激励约束主要指向维度,是矿权拥有者或者服务提供商,还是矿权拥有者和服务提供商构成的整体;二是功能维度,是牵引作用(强调自发性)、驱动作用(强调目标驱动)还是规范(强调合规性);三是对于矿业组合服务的重要性维度,即一般、重要和非常重要。结果如表 2-6 所列。

表 2-6　激励与约束矿业组合服务委托承包双方比较

一级因素	二级因素	指向维度			功能维度			重要性维度		
		矿权拥有者	服务提供商	整体	牵引	驱动	规范	▬	■	█
报酬因素	矿权拥有者内部薪酬	●			●			●		
	服务提供商内部薪酬		●		●			●		
	承包费数量		●	●	●	●				●
	承包费动态调整		●	●	●	●				●
企业文化	矿权拥有者战略愿景	●			●			●		
	服务提供商战略愿景		●		●			●		
	矿权拥有者管理氛围	●				●		●		
	服务提供商管理氛围		●			●		●		
	强势企业先进文化			●		●				●
生产运营过程	法律法规	●	●	●			●		●	
	安全水平	●	●	●			●			●
	产品数量			●		●				●
	产品质量			●		●				●
	成本管理		●			●		●		
	资金水平		●				●		●	
	资质和信誉		●				●		●	
	运营风险			●			●		●	
能耗、排放水平、资源利用和环境保护	能效		●				●	●		
	排放水平		●				●		●	
	回采率	●					●			●
	矸石处理率	●					●			
	矿井水综合利用率	●					●			
	环境治理和保护	●					●			●

根据表 2-6,本研究提出的激励约束机制主要包括产品质量和数量、吨煤承

包成本确定和动态调整、安全目标、资源综合利用与环保、强式企业先进文化等五个方面。

2.3.2.2 主要激励与约束机制

(1) 机制一:产品质量和数量激励约束机制。

煤炭产品的数量和质量是矿权拥有者最关注的问题,也是合同的主要标的。根据委托代理关系分析得出的结论:机会成本因素对委托代理关系有着重要影响,基于利润最大化的角度,服务提供商希望生产越多越好,这样就能拿到更多的承包费,减少人员、设备、资金闲置带来的机会成本。对于矿权拥有者而言,情况就较为复杂,当煤炭行情高涨的时候,矿权拥有者希望服务提供商多出煤,而服务提供商的资源、技术和安全管理等因素共同决定产能阈值,超过这个阈值,服务提供商的边际成本会突增,并且安全也得不到保障;当煤炭行情低迷的时候,矿权拥有者则限制产量,将会导致服务提供商机会成本上升。因此,可以通过以下方法来实现平衡:

方法一:建立生产计划审批和最低产量制。例如,可以在合同中规定:

××乙方根据甲方年度计划,于每月10日之前编制完毕次月开拓、回采巷道掘进进尺计划,经甲方批准后执行。

××××年计划商品煤产量××万t。实际月产量不得低于计划平均月产量的××%。产量超计划的情形一定要经甲方批准后方可执行。

××因甲方原因导致乙方一次停产××小时,按照××元/(人·日)的标准支付乙方工人的生活费;停产××小时以上时,除按以上标准支付生活费以外,还应核减计划产量并支付乙方管理费等其他相关费用。

方法二:建立合同期限柔性制。矿权拥有者应成立专门的研究机构或借助专业机构,对煤炭市场进行预测。根据预测结果,矿业组合服务合同按年度签订,同时和服务提供商签订战略性排他协议。可以在合同中规定:

××承包期为:　　年1月1日——　　年12月31日。

××在同等条件下,乙方有优先和甲方签订矿业组合服务合同的权利。

对于煤炭产品质量,则应该由甲方主导,方法如下:

方法一:通过合同对于质量指标值加以强制性规定。例如,可以在合同中作如表2-7所列的规定:

表 2-7　××煤质指标——示例

序　号	项　　目	标　　准
1	M_t（全水分）	
2	A_{ad}（灰分）	
3	粒度	
4	杂质	

××煤质指标达不到要求时，乙方补偿甲方因煤质问题造成的一切损失。

方法二：确定质量检验方法。例如，可以在合同中规定：

××（针对乙方不承担煤炭销售情形）乙方向甲方交付的商品煤质量检验取样点定在××，双方应分别指派专人按照××标准同时采样，由××进行检验，检验结果作为甲方考核乙方交付的商品煤质量的依据。

××（针对乙方承担煤炭销售情形）乙方对煤炭质量承担全部责任。

（2）机制二：吨煤承包成本确定和动态调整机制。

根据委托代理关系理论：报酬越高，越能刺激代理人付出更多的劳力。承包费数量和动态调整机制对于矿井生产运营承包是非常重要的。承包费对矿权拥有者和服务提供商的影响是双向的，服务提供商自然是希望承包费越多越好，而矿权拥有者则是希望在满足自身投资收益期望前提下做到科学合理。可以采用以下方法：

方法一：总量控制也要单项约束。矿权拥有者可以利用制造成本法、变动成本法或者作业成本法下的盈亏平衡分析模型合理确定吨煤承包费用。在合同谈判中，既要确定总的吨煤承包费用，也要确定单项吨煤承包费用，这样利于双方进行成本控制。例如，可以在合同中规定：

××矿井生产运营单位承包费用：××××年为××元/t，其中，工人工资××元/t，材料费××元/t，电费××元/t，设备租赁费××元/t，承包商管理费用××元/t（管理人员工资××元/t 与办公费××元/t），安全基金××元/t，承包商利润××元/t，税金××元/t。

方法二：动态调整。动态调整有两种情形，一种是外部市场变化导致承包费变化，另一种是根据合同执行情况加以变化。例如，可以在合同中规定：

××承包期内，发生以下情况，甲乙双方均有权提出重新调整单位承包费用：

① 商品煤坑口售价提高××%以上或降低××%以上；

② 材料价格增加××%以上或降低××%以上；

③ 电费价格增加××%以上或降低××%以上；

④ ××(地区)同行业平均工资水平增加××%以上。

××根据乙方当月实际生产情况，按下列标准调整承包费用：

① 实际月产量低于计划产量的××%时，结算价格下浮××元/t；若完成全年计划产量任务，因产量因素扣减的承包费用返还乙方。

② 煤质指标达不到要求时，乙方补偿甲方因煤质问题造成的一切损失。

(3) 机制三：安全目标激励约束机制。

安全责任是矿井生产运营承包过程中备受关注的问题，《国务院关于预防煤矿生产安全事故的特别规定》(国务院令第446号)第二条规定：煤矿企业是预防煤矿生产安全事故的责任主体。煤矿企业负责人(包括一些煤矿企业的实际控制人，下同)对预防煤矿生产安全事故负主要责任。第三条规定：国务院有关部门和地方各级人民政府应当建立并落实预防煤矿生产安全事故的责任制，监督检查煤矿企业预防煤矿生产安全事故的情况，及时解决煤矿生产安全事故预防工作中的重大问题。可见，安全责任界定的基本原则是煤炭企业的法人代表、实际控制人对安全生产负主要责任或主体责任，政府根据属地原则负有监管责任，相关职能部门负有监察责任。2015年，原国家安全生产监督管理总局、国家煤矿安全监察局《关于加强托管煤矿安全监管监察工作的通知》(安监总煤监〔2015〕15号)进一步规定：矿权拥有者或托管煤矿与承托单位都承担安全生产责任。可以采用以下方法：

方法一：建立安全保障体系和管理体系。可以在合同中规定：

××矿井安全生产管理工作由乙方负责，乙方承包范围内所有安全事故及相关经济连带责任由乙方负责，甲方只负责按照合同规定及甲方管理制度进行监督检查及考核兑现工作。

××乙方必须认真贯彻执行国家有关煤矿安全生产方针、政策、法律、法规，并严格遵守甲方制定的有关安全管理制度。

××乙方在生产前必须设置安全管理机构，配备专职安全管理人员，并报甲方备案，否则，甲方有权停止乙方生产，由此带来的一切损失由乙方负责。

××乙方上级主管单位要对托管煤矿进行安全管理，并承担相应的安全责任。

方法二：设立年度安全基金。可以在合同中规定：

××××年度安全基金留在甲方，每年末根据安全考核情况按以下标准支付：

① 不发生重大机电或运输事故、不发生重伤以上人身事故，全额返还；

② 发生重伤事故1人次，扣减5%/(人·次)安全基金；

③ 发生1次重大机电或运输事故，扣减5%/次安全基金；

④ 发生死亡事故1人，扣减100%安全基金。

(4) 机制四：资源综合利用与环保激励约束机制。

鉴于当前资源综合利用和环境保护的紧迫性，矿业组合服务模式下，矿权拥有者和服务提供商应当建立有效的资源综合利用与环保机制。矿权拥有者应鼓励服务提供商通过使用先进的开采技术提高煤炭资源回采率，对生产过程中的废水、废气和废旧物资进行回收利用，提高矿井水回用率，提高煤矸石利用效率，将资源综合利用纳入中长期和年度考核计划。可以在合同中规定：

××煤炭回收率达到××%以上。

××采煤工作面回收率低于××%时，差额部分按××元/t处罚。

××乙方负责将矸石等生产废料运至甲方指定的场地排弃。

××矸石处理率达到××%以上。低于××%时，差额部分按××元/t处罚。

××矿井水综合利用率达到××%以上。低于××%时，差额部分按××元/t处罚。

(5) 机制五：强势企业先进文化激励约束机制。

企业文化是企业在生产经营活动中所创造的具有企业特色的精神财富和物质形态，具有凝聚性、导向性、激励性和约束性功能。强势文化是指企业长期发展过程中形成的众多文化中一种居于支配和主导作用的文化。矿权拥有者和服务提供商实行矿业组合服务模式，必然在运作上产生激烈的文化碰撞。矿权拥有者和服务提供商各自都有自己的价值观和经营理念。在两者的对抗中，来自大型煤炭基地的服务提供商往往在企业文化上占据优势。例如神东煤炭集团公司企业文化中“四化五型”，即“生产规模化、技术现代化、队伍专业化、管理信息化”“本质安全型、质量效益型、创新驱动型、资源节约型、和谐发展型”，就代表了我国煤炭行业的先进水平。用这种强势企业的先进文化去激活矿权拥有者各项潜能，对资本、技术、装备、人才、资源构成的矿井生产运营承包整体功能，也将具有成倍放大作用。因此，强势企业先进文化也是一种非常重要的激励约束机制。

方法一：先进文化驱动。矿权拥有者可以在自身企业建设方面，主动学习服务提供商的先进文化；服务提供商也应建立一定的沟通机制，及时把自身企业文化的最新成果分享给矿权拥有者，帮助提升文化契合度。

方法二：统一建设。根据本研究“大型煤炭基地组合服务技术研发及应用示范”的目标之一，即培育面向区域的矿业组合服务商，矿权拥有者最终演变为战略投资者。这样，服务提供商的企业文化比矿权拥有者强势和先进，可以服务提供商企业文化为主体，对企业文化统一建设，可以在合同中规定：

××乙方无条件参加甲方的企业文化建设活动(或者甲方无条件参加乙方的企业文化建设活动)。

方法三：将企业文化建设纳入考核体系。可以在合同中规定：

××甲方(或乙方)对企业文化建设业绩纳入甲方(乙方)绩效考核之中，在甲方“五型”绩效中兑现奖罚，对违反的通报批评，对不足的限期整改并复查。

××甲方(或乙方)制定统一的企业文化规划和工作计划，根据甲方(或乙方)年度工作计划，编制企业文化建设阶段性工作实施意见和专项方案。

2.3.3 准入机制

准入机制包含两部分，一是矿业组合服务提供商提供矿业组合服务的准入条件，二是矿权拥有者使用矿业组合服务的条件。准入机制不是针对服务提供商和矿权拥有者制定的，而是服务提供商与矿业组合服务平台管理方、矿权拥有者与平台管理方制定的。双方通过平台实现服务交易，双方在使用平台之前需要有准入条件。

2.3.3.1 服务提供商准入机制

矿业组合服务提供商准入机制主要包括企业资质、队伍素质、技术水平、材料设备、管理水平、安全目标、资源综合利用与环保、强式企业先进文化等8个方面。

(1) 机制一：企业资质准入机制。

企业资质是企业有能力完成任务的证明，煤炭生产企业要获取煤炭经营资质证才能进行生产，该证是国家发展和改革委员会为加强煤炭经营监督管理、规范和维护煤炭经营秩序、保障人民合法权益而颁发的一种合法经营凭证。拥有资质证书是服务提供商提供矿业组合服务的必备条件，服务提供商必须有一定资质才能承担矿业组合服务的任务。因此，企业资质是服务提供商准入的基础。例如，企业资质准入机制可如下制定：

方法一：直接设限，以矿井建设总承包服务为例，可在合同中规定：

××矿井建设总承包服务提供商必须具备矿山工程施工总承包一级及以上(含一级)资质，按规定进行年检，并到所在省份相应部门办理备案手续；且具有三年以上本行业施工经验。井下机电安装工程服务提供商必须具有建设行政主管部门颁发的机电设备安装工程专业承包二级资质。

××矿业组合服务提供商须持有包括井巷采掘施工许可范围的有效的安全生产许可证。

××矿业组合服务提供商须持有有效的企业法人营业执照，具有有效履行合同的能力。

方法二：相应文件存档制约，可在合同中规定：

××服务提供商必须按照平台运营方规定模板填写开工报告，经相关部门负责人签字审核后，交由平台运营方存档后方可开工；否则不得组织生产。

(2) 机制二：队伍准入机制。

矿井建设、煤炭开采队伍是矿井建设、生产及安全管理的最终对象，队伍建设的好坏是决定服务提供商服务目标各项指标完成数量和质量的关键因素。队伍素质的提升是服务提供商提供矿业组合服务的必要条件。矿业组合服务和内部服务不同，对队伍的要求更高。对于服务提供商的队伍，首先在思想觉悟上要高，除了要热爱本职工作，还要有在条件艰苦、环境复杂多变、工作场所安全隐患大的地方也能保持热情和干劲。其次，要有很强的责任心，安全事关人人，队伍员工要从思想意识和行为上预防不安全行为的发生，要有警觉性。此外，队伍要有学习精神，不断寻求自我提升和突破，队伍成员能不断总结工作及其存在的不足，寻求探索新的工作方法，这是队伍不断提升和降低成本的出路。最后，队伍必须有技术能力和专业知识，目前矿井生产机械化程度越来越高，如果没有过硬的技术技能和专业知识，就无法做好工作。总之，服务提供商的队伍应该是由一批熟悉合同、计划、融资、投资估算及控制、材料采购、风险和保险、质量、安全等业务的外向型专业化服务人才组成，是一支了解行业标准和惯例，懂得行业通行管理模式、程序和方法，具有较强的综合对接能力和执行力的外向型专业化服务队伍。例如，队伍准入机制可如下制定：

方法一：服务提供商队伍设限。

例如在合同中规定：

××井下生产必须建立自己的采、掘、机、运、通专业化队伍；无违规转包，层层承包、以包代管的问题；严禁井下作业使用劳务派遣人员。

方法二：要求准入企业队伍有保障。

例如在合同中规定：

××矿业服务提供商劳动用工管理必须做到四个100%。即劳动用工经公司审批备案并在当地煤炭安全管理局备案达到100%；在岗人员签订书面劳动合同率达到100%；为入井作业人员缴纳工伤保险和井下意外伤害险达到100%；在岗职工培训率达到100%。

××矿业服务提供商必须按照《中华人民共和国社会保险法》的要求，依法参加社会保险，为从业人员缴纳基本养老、基本医疗、工伤、失业和生育保险金。将缴费凭证复印件交到平台运营方备案，工伤保险参保率、备案率达到100%。

方法三：制定全员专业学历和执业（职业）资格准入条件。

例如在合同中规定：

××矿业组合服务提供商“六长”（包括煤矿矿长、生产矿长、安全矿长、机电矿长、总工程师、通风区队长）和副总工程师必须具备煤炭相关专业大专以上学历；具备煤炭主体专业中级以上专业技术职称，其中，总工程师必须具备煤炭主体专业高级工程师以上专业技术职称。

××煤矿企业其他安全生产管理人员（除煤矿企业“六长”和副总工程师外其他安全生产管理人员和专业技术人员）必须具备煤炭相关专业中专以上学历；具备煤炭主体专业初级以上专业技术职称；从事煤矿安全生产相关工作×年以上的经历。

××煤矿特种作业人员和班组长必须具备煤炭相关专业中专以上学历；取得中级技能（四级）以上职业资格证书。

××煤矿特有工种（特种作业人员和班组长除外）必须具备高中以上学历或经过中等职业（含技校）教育并取得毕业证书；取得初级技能（五级）以上职业资格证书。

（3）机制三：技术准入机制。

《煤炭工业发展“十三五”规划》中要求“以提高质量和效益为核心，发展工艺先进、生产效率高……单位产品能源消耗低的先进产能，……创新煤矿设计理念，采用高新技术和先进适用技术装备，重点建设露天煤矿、特大型和大型井工煤矿。优化开拓布局，简化生产系统，降低生产能耗，减少劳动用工，实现集约高效生产。依托大型煤炭企业集团，应用大数据、物联网等现代信息技术，建设智能高效的大型现代化煤矿，实现生产、管理调度、灾害防治、后勤保障等环节智能感知及快速处理，全面提升煤矿技术水平和经济效益。”这意味着服务提供商要依托大型煤炭基地来提供矿业组合服务，必须在技术上首先满足这些要求，即要建立技术准入机制。例如，技术准入机制可如下制定：

方法一：规定机械化程度。

例如在合同中规定：

××必须实行正规壁式机械化开采。

方法二：技术人员资质控制。

例如在合同中规定：

××外委施工队组必须有完善的技术组织机构，配齐专职的具有相应技术职称和三年以上工作经验的专业技术人员（有聘书或任命文件）。

方法三：严格审查机制。

例如在合同中规定：

××新采区布置或水平延伸，要有相应的采区设计或水平延伸设计，并按规定已通过××（涉煤公司）的审查备案。

××矿井技术改造、能力提升，应与矿井环节系统相匹配，要有详细的专项设计或专项核算验证。

××带压开采、高瓦斯、高突及特殊开采矿井，要有相应的按规定批准的专项设计方案。

方法四：严格作业规程审查。

例如在合同中规定：

××服务提供商必须按照平台运营方的规程编制规范要求编写作业规程，由平台运营方组织人员对规程进行会审通过后，由服务提供商技术员向所有的作业人员贯彻、考试，考试合格后方可上岗作业。

方法五：建立各业务组件标准。

以综采工作面准入验收为例，在合同中规定：

××综采工作面准入验收必须符合以下条件：

① 综采工作面设备安装完成后，全部设备实现正常供电。

② 全部设备安装、配套符合有关技术要求。

③ 所有设备空载运行 2 h 后进行重载试验，割煤不少于 3～5 刀，设备正常运转，但回采不得超过 6 m。

(4) 机制四：材料、设备准入机制。

当前科技的迅猛发展使得煤矿生产基本实现了井下少人和机械化，新工艺、新技术等被广泛地应用于煤矿生产，而这些先进的工艺、技术必须以先进的设备和材料为依托，并且服务提供商的经济效益在很大程度上也取决于设备的性能和材料的质量。因此，服务提供商设备的先进性、稳定性、安全性、节能性，材料的可靠性、高质量等是检验服务提供商设备材料是否可用的关键指标。例如，材料、设备准入机制可如下制定：

方法一：规定设备条件。

例如在合同中规定：

××煤巷掘进必须使用综掘机。

××井下电气设备必须符合防爆要求，严禁使用国家明令淘汰和无证的设备。

××设备必须按规定进行日常维护，按期检修。

××机电设备及“五小”电器等，必须有“三证一标志”，即生产许可证、防爆合格证、出厂合格证和煤矿矿用产品安全标志证书，并经平台运营方验收合格后，出具防爆合格证及下井证明方可入井。

方法二：对材料建立台账、材质检验报告等。

例如支护材料，可在合同中规定：

××服务提供商对进场的支护材料必须建立完整的材料管理台账且有煤安标志、材料出厂合格证、出厂检验报告和技术部门的材料进场认证单，然后送实验室做材质检验，经实验室出具符合设计要求的材质检验报告和平台运营方审核后，方可入井到指定的施工地点使用。

(5) 机制五：管理准入机制。

矿业组合服务要求服务提供商拥有煤炭生产服务领域丰富的人才、资金、技术等资源和管理经验，完全有能力为大量缺乏管理、技术、安全、成本等优势的外部矿权拥有者提供从矿井勘探、矿井建设到生产运营、设备租赁与维护、煤炭销售、技术与管理咨询等一揽子外向型专业化服务。这就要求服务提供商必须是有生产能力的公司，应该有完整的组织架构、优良的企业文化和健全的体系。因此，服务提供商进入矿业组合服务平台有着管理方面的准入限制。例如，管理准入机制可如下制定：

方法一：建立健全的组织管理体系。

例如在合同中规定：

××服务提供商必须提供组织架构体系，要求组织架构完整，机构设置符合煤矿企业规范要求，职能健全，职责明确，并配备足够的××以上文化程度的专业技术人员。生产矿井必须设置生产技术、地质测量、机电、运输、"一通三防"、安全监察等部门。

方法二：建立健全的绩效考评体系。

例如在合同中规定：

××服务提供商必须建立健全绩效考评体系（要求与矿业组合服务平台所提供考核要求相呼应），根据体系中考核指标，进行周、月、季度、年考核。

××服务提供商将绩效考核结果按矿业组合服务平台所提供的考核要求格式填写并上传至矿业组合服务平台。

方法三：建立健全的风险管理体系。

例如在合同中规定：

××服务提供商必须建立健全风险管理体系。

××必须成立应急管理机构，制定应急管理预案，并具备实施的条件。

方法四：建立健全的保障体系。

例如在合同中规定：

××服务提供商必须建立健全保障体系，包括人力资源保障、资金保障、设备物资保障、技术保障、信息化平台保障、制度机制保障等。

××服务提供商必须提供安全管理、生产管理、技术管理、设备物资管理、经营管理、财务管理、风险管理等方面的管理制度、管理办法和管理标准等文件，填写自检表，以供矿业组合服务平台运营方审查。

（6）机制六：安全准入机制。

安全生产是我国的一项基本国策，矿井安全是服务提供商的生命线、幸福线，关系到服务提供商企业的生存和发展，关系到每个人的健康和幸福。只有安全生产得到保障，才能实现供需双方经济效益的最大化，才能保障服务提供商企业的和谐发展。影响安全的因素很多，例如机械化程度低、安全设施不完善、技术水平低、从业人员素质低等，都是制约我国煤矿安全生产的主要因素。

《煤炭工业发展"十三五"规划》中要求：坚持以人为本、生命至上理念，健全安全生产长效机制，深化煤矿灾害防治，加强职业健康监护，全面提升煤矿安全保障能力。因此，在服务提供商进入矿业组合服务平台时，就要严把安全关。例如，安全准入机制可通过如下方法制定：

方法一：要求准入企业必须设置安全生产管理机构、配备专职安全管理人员、制定安全管理制度。

例如在合同中规定：

××服务提供商必须设置安全生产管理机构，配备专职安全生产管理人员。

××专职安全生产管理人员应根据矿井规模、自然灾害条件配备采掘、通风、机电、运输、地质测量、调度等专业人员。专职安全生产管理人员配备的人数能够满足安全生产管理的需要。

××服务提供商必须建立、健全主要负责人、分管负责人、安全生产管理人员、职能部门、岗位安全生产责任制。

××服务提供商必须制定安全会议制度、安全目标管理制度、安全投入保障制度、安全质量标准化管理制度、安全教育与培训制度、事故隐患排查与整改制度、安全监督检查制度、安全技术审批制度、矿用设备器材使用管理制度、矿井主要灾害预防制度、事故应急救援制度、安全与经济利益挂钩制度、入井人员管理制度、安全举报制度、管理人员下井及带班制度、安全操作管理制度、井工煤矿入井检身制度与出入井人员清点制度等17种安全生产规章制度和服务提供商认为需要的其他制度；制定各工种操作规程。

方法二：要求准入企业必须建立应急预案。

例如在合同中规定：

××服务提供商必须制定符合实际的《矿井灾害预防和处理计划》和事故应急救援预案，应急救援预案必须在平台运营方备案，每半年至少组织一次应急救援演练。

××按照规定设立矿山救护队，配备救护装备。不具备单独设立矿山救护队条件的，应当与邻近的专业矿山救护队签订救护协议。

方法三：要求建立安全考核机制。

例如在合同中规定：

××服务提供商必须制定特种作业人员培训计划、从业人员培训计划、职业危害防治计划。必须符合下列条件：

① 特种作业人员经有关业务主管部门考核合格，取得特种作业操作资格证书。

特种作业人员指煤矿井下电工作业、煤矿井下爆破作业、煤矿监控监察作业、煤矿瓦斯检查作业、煤矿安全检查作业、煤矿提升机操作作业、煤矿采煤机（掘进机）操作作业、煤矿瓦斯抽采作业、煤矿防突作业、煤矿探放水作业等作业人员。

② 从业人员依法进行安全生产教育和培训，并经考试合格。

煤矿企业主要负责人、安全生产管理人员和特种作业人员以外的其他从业人员应当接受经煤矿安全监察机构认定的具备四级以上资质的煤矿安全培训机构进行的安全生产教育培训，并经考核合格，取得安全培训合格证后，方可上岗。

方法四：建立准入自检、验收机制。

例如在合同中规定：

××服务提供商必须按平台运营方模板填写安全准入申请书，对照平台运营方设定项目自检并据实填写自检表。

××平台运营方必须组织专家对服务提供商的各项指标进行现场验收，验收通过，服务提供商才可准入。

(7) 机制七：资源综合利用与环保准入机制。

煤炭开发对环境的影响主要是煤矸石、煤矿瓦斯和矿井水排放，以及采煤引起的地表沉陷和水土流失。我国煤炭企业环保制度要求是“谁开采谁治理”，然而由于我国从 20 世纪 90 年代至今煤炭开发速度过快，采取的生态环境治理措施与开采速度相距甚远。目前，矿区的生态环境尽管比十年前有很大好转，但生态环境依然脆弱。这与我国要建立生态文明国家的理念是相悖的，因此煤炭开发必须要有生态保护红线意识，要严格执行国家有关环境治理和水土保持方面的法律法规及标准要求。作为服务提供商，更是要在源头保护生态环境，使生态文明理念融入煤矿全生命周期中的每一步。例如，资源综合利用与环保准入机制可采用如下方法设计：

方法一：要求有资源综合利用与环保制度、措施等文件。

例如在合同中规定：

××服务提供商必须建立煤矸石（含选矸、煤泥）等固体废物资源综合利用制度。

方法二：落实资源综合利用与环保相关负责人责任制。

例如在合同中规定：

××服务提供商必须将资源综合利用与环保工作落实，并责任到人。

(8) 机制八：企业先进文化准入机制。

企业文化是一个企业的精神力量，服务提供商要进入矿业组合服务平台提供服务，就要认同并学习矿业组合服务应有的企业文化，其中包括人本和谐、学习创新、规范执行、安全高效等，要有艰苦奋斗、开拓务实、争创一流的认识和意识。例如，企业先进文化准入机制可采用如下方法设计：

方法：要求进行企业文化培训。

例如在合同中规定：

××平台运营方必须组织服务提供商进行企业文化培训（以神东企业文化为主），服务提供商所有人员经考核并通过后方可提供服务。

2.3.3.2 矿权拥有者准入机制

矿权拥有者是矿业组合服务的需求方，相对服务提供商而言，其准入机制要少得多，主要包括资质和资金保障两方面。

(1) 机制一：资质准入机制。

矿权拥有者在提出需求的同时，要提供相应的资质材料，例如开办煤矿的批复文件等，避免需求方违法、违规开采。这不仅是对矿权拥有者合理盈利的保证，也是服务提供商顺利进行煤炭开发的保证。例如，具体资质准入机制设计方法如下：

方法一：文件和资料备案。

例如在合同中规定：

××矿权拥有者必须向平台运营方提供开办煤矿的申请书、矿区范围批复，提供县（市、区）、市（州）两级国土资源管理部门对计划开采范围内无其他矿权设置的证明。

××申请开办煤矿，必须提供该煤矿计划开采范围内的煤炭地质资料。

① 煤矿计划开采范围是原国家出资已勘探矿区的，提交计划开采范围的储量分割报告以及矿井地质资料；

② 煤矿计划开采范围是未勘探矿区的，企业必须首先向国土资源管理部门申请办理煤矿计划开采范围的煤炭资源勘查许可证，取得探矿权后，企业应委

托有资质的地质勘查队伍进行勘探工作，提交完整的地质资料，并提交经省级国土资源管理部门出具的储量评审备案证明。

方法二：满足政策条件证明。

例如在合同中规定：

××矿权拥有者申请开办的煤矿必须符合国家煤炭产业政策和××省煤炭资源整合方案中对煤矿矿井数量控制目标的要求。

(2) 机制二：资金保障机制。

资金是矿权拥有者与服务提供商进行交易的基础，矿权拥有者若没有一定的资金作支撑，则服务提供商要冒很大的风险。尽管服务提供商可以自带资金为矿权拥有者进行煤炭开发，但服务提供商的服务和资金的投入也是需要得到保障的。例如，资金准入机制设计方法如下：

方法一：资金保障证明。

例如在合同中规定：

××申请开办煤矿的建设规模(煤矿建设规模必须与计划开采范围的资源情况相匹配)、开采方案、资源综合利用方案以及投资估算。

××提供与申请开办的煤矿投资估算相适应的自有资金证明(企业自有资金不得少于煤矿建设投资估算的35%)。

方法二：服务提供商自带资金条例。

例如在合同中规定：

若××矿权拥有者资金不到位，需服务提供商自带资金，则矿权拥有者须以收益抵付成本。偿还服务提供商自带资金的同时，按银行贷款利率支付利息。

第3章　信息系统基础理论与需求分析

3.1　信息系统的发展阶段模型

3.1.1　诺兰模型

诺兰模型是第一个描述信息系统发展阶段的抽象模型，具有划时代的意义。诺兰模型是美国哈佛大学教授查理·诺兰(R. Nolan)于 1974 年总结了美国计算机发展历程后，首次提出的信息系统发展 4 阶段模型。20 世纪 70 年代以后，信息系统发展及用途不断扩大，诺兰持续研究并重新将发展阶段调整为：初始期、普及期、控制期、整合期、数据管理期和成熟期 6 个阶段。如图 3-1 所示，横轴为信息系统的发展阶段，纵轴为与信息系统发展相关的费用支出。

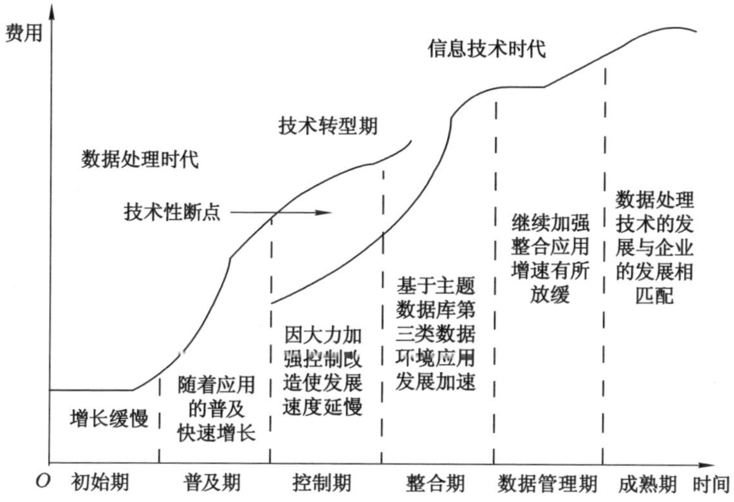

图 3-1　诺兰模型

第一阶段是初始期，这个阶段从企业引进第一台计算机开始，一般都是先在财务、统计、物资等部门开始使用，随着企业对计算机应用认识的深入，人们体会到计算机应用的价值，开始学习、使用、维护计算机。

第二阶段是普及期，随着计算机在一些部门内使用收到成效，从最初的一些应用部门向其他部门扩散，大量的人工数据处理转向计算机处理，人们对计算机的热情增加，需求增长。

第三阶段是控制期，由于人们对计算机信息处理需求的增长，造成财务支出大幅度上涨，企业领导不得不对之进行控制，注重采用成本/效益去分析应用开发，并针对各项已开发的应用项目之间的不协调和数据冗余等，进行统一规划。这一阶段的效益可能比第二阶段还要低。

第四阶段是整合期，即在经过第三阶段的全面分析后，引进数据库技术，在开发数据网络的基础上，数据处理系统又进入一个高速发展阶段，逐步改进原有系统，开发一个能为中、上层管理提供支持，为企业提供各种信息资源的管理系统。

第五阶段是数据管理期，即系统通过集成、综合之后才有可能进行有效的数据管理，实现数据共享，这时的数据已成为企业的重要资源。

第六阶段是成熟期，信息系统的成熟表现在它与组织的目标一致，从组织的事务处理到高层的管理与决策都能支持，并能适应管理和技术的新变化。

查理·诺兰认为，从整体来看，发展是一个波浪式进程，前三阶段具有计算机数据处理时代的特征，后三阶段显示信息技术时代的特点。前后阶段的“转折”在整合期完成，计算机技术的发展，终端用户所使用的计算机迅速发展导致了发展的非延续性，这种非延续性又称为“技术性断点”。从各个阶段来看，投资信息系统的规律近似一条“S”形曲线。在第一、第二阶段，投资迅速增长；在第三阶段，投资趋向平缓；在第四阶段，投资再次迅速上升增长；在第五、第六阶段，投资又一次在高一级水平上趋于平缓。

诺兰模型在概念层次上对企业信息化过程发挥了较大作用。据统计，发达国家有近半数的企业在20世纪90年代初都认为本企业的信息系统处于整合期阶段，在实践中验证了诺兰模型的准确性。

3.1.2 西诺特模型

1988年，西诺特(W. R. Synnott)在参照诺兰模型的同时，根据信息技术的发展变化，提出了一个数据、信息、信息资源、信息武器4个阶段模型，反映计算机处理的信息发展历程。从计算机处理的原始数据的“数据”阶段开始；通过对数据的加工和存储，将“数据”转化为存储到计算机的“信息”阶段；然后经过诺兰所说的“技术性断点”，将“信息”作为企业经营资源的“信息资源”阶段；最后通过管理者对信息资源的分析和利用，使信息资源成为“信息武器”。

随着信息技术的发展，企业中作为信息资源管理者的首席信息官（CIO，Chief Information Officer）的重要性要受到重视。这一观点已经被先进国内企业普遍认同，如海尔、长虹、TCL 等企业先后引进了 CIO 机制。

3.1.3 米切模型

“诺兰模型”和“西诺特模型”均把系统集成和数据管理分为两个阶段，在模型中可以先对信息系统的各个部分进行整合，再进行数据收集和管理。但在实际中证明：难以严格区分操作。美国的信息化专家米切（Mische）在 20 世纪 90 年代针对两个模型进行了修正；揭示了信息系统的整合与数据管理密不可分，系统整合期的主要任务就是有效地管理数据，或者说信息系统的整合实质就是将分散的数据进行统一有效的管理和集成。此前的两个模型仅仅集中于数据处理组织机构的管理和行为的侧面，而没有更多地研究各种信息技术的整合集成，忽视了将信息技术作为企业的发展要素而与经营管理相融合的策略。

米切将信息系统发展划分成起步（20 世纪 70 年代）、增长（20 世纪 80 年代）、成熟（20 世纪 90 年代）、更新（21 世纪）四个阶段，决定这些阶段的特征有五个方面：信息技术基础状况、信息技术应用、数据存取能力、信息技术融合企业文化和全员素质及信息技术视野。米切认为信息系统特征不仅仅体现在数据处理工作的流程和管理标准化建设方面，还涉及管理知识、理念和信息技术的综合水平及信息系统在企业经营管理中的作用和影响，并考虑到信息技术服务机构提供令人满意的解决方案的能力。

参照“米切模型”，可以帮助企业把握自身的信息系统发展水平，发现企业自身在信息技术应用发展方面的差距，为企业研究和改进信息体系结构，规划未来企业信息系统的发展提供了理论参考。例如，对于家电制造企业的信息系统建设，起步阶段可以首先使用简单的库存供销系统；销售增长阶段建立信息系统，数据处理数量和质量提高；成熟阶段实现内部计算机应用的高度集成化，同时与外界信息交换实现自动化，从而使企业整体业务流程高效、低耗运行，如图 3-2 所示。

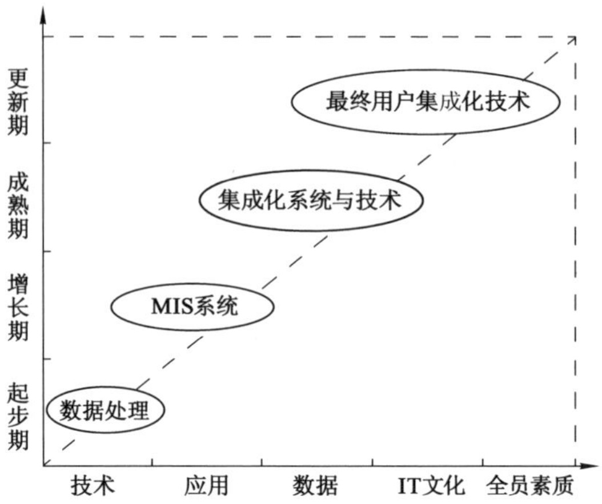

图 3-2　米切模型

3.2　信息系统与组织战略

在竞争激烈、变化快速且不可预测的时代里，灵活地响应市场需求，创新产品和业务已经成为企业的战略选择，而 IT 则成为企业建立或发展、赢得竞争优势(竞争力)所必需的技术解决方案。

目前，各个领域里成功的企业，如沃尔玛、eBay、联想、海尔、格力等，它们都是在市场竞争中，充分利用互联网技术，针对竞争环境的变化，及时调整战略，利用各种信息系统，获取创造商机的优势。eBay 开拓了在线拍卖，个人可以销售物品给其他人，顾客很容易重新选择价格更便宜、操作更快捷的在线零售商。随着时间的流逝，eBay 当年的竞争对手淘宝，面对 eBay 的竞争，采用开放式平台策略，对于价格敏感的中国市场，eBay 开始失去市场份额，淘宝采用免费策略，同时广泛开展培训，如淘宝大学等，在线培养用户，操作和使用淘宝提供的平台功能，这些是竞争对手所不能提供的。如今淘宝已成为庞大的多样化电子商务平台。

3.2.1　信息系统与竞争战略

3.2.1.1　竞争战略模型

竞争优势是一种公司通过竞争而获得长期利益的特质。建立和维持竞争优势是很复杂的，但一个公司的生存却有赖于它能否获取竞争优势。美国哈佛商学院著名的战略管理学家迈克尔·波特提出：一个行业中的企业面临着五种主要竞争压力，即供应商的议价能力、购买者的议价能力、潜在进入者的威胁、替代品的威胁以及来自同行企业间的竞争。如图 3-3 所示。

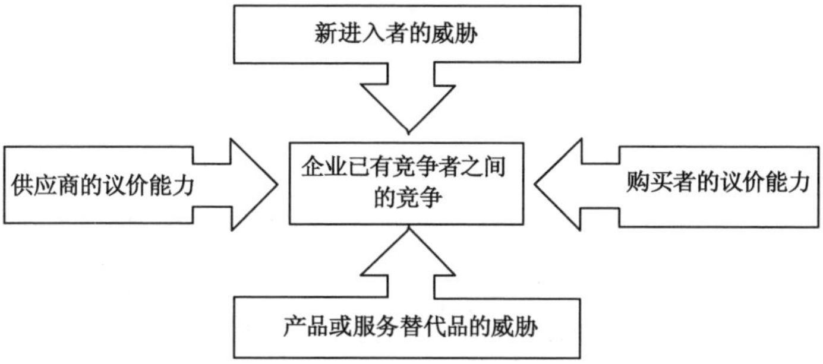

图 3-3　五种竞争力量模型

行业中的每一个企业或多或少都必须应付以上各种竞争力量的威胁。迈克尔·波特提出了企业经常采用的三种基本竞争战略（图 3-4）：成本领先战略、差异化战略、集中化战略。

（1）成本领先战略，是指企业通过有效途径，在研发、生产、销售、服务和广告等领域把成本降到最低限度，成为行业中的低成本厂商，从而获取竞争优势的一种战略，也称为低成本战略。

（2）差异化战略，是指通过满足顾客的特殊需求，提供与众不同的产品和服务，使企业产品与竞争对手产品产生明显的差别，从而获取竞争优势的一种战略。

（3）集中化战略，是指企业把经营战略的重点放在一个特定目标市场上，为特定的地区或特定的购买者集团提供特殊的产品和服务，从而获取竞争优势的一种战略。具体而言，集中化战略还可以分为产品线集中化战略、顾客集中化战略和地区集中化战略等，也称为目标聚焦战略。

迈克尔·波特指出，通常企业只适合从这三种战略中选择一种作为其主导战略。

3.2.1.2　信息系统与组织战略

（1）信息系统与成本领先战略。

信息系统在企业中的应用可以帮助企业在生产、工程、设计、服务等环节有

		竞争优势	
		低成本	产品差异
战略目标	全行业范围	成本领先战略	差异化战略
	特定细分市场	集中化战略	

图 3-4　三种基本竞争战略

效降低成本，甚至达到行业中最低的运营成本。典型的例子就是沃尔玛公司，它通过和供货商之间构筑有效的自动补货系统，使供货商能够对其所供应的各类货物在门店的库存、销售情况了如指掌，从而自动跟踪补充各门店的货源。由于可以快速补充库存，沃尔玛公司无须在仓库中保存大量库存，供货商承担了部分管理零售库存的任务，使沃尔玛公司可以降低库存成本。成功应用自动补货系统后，沃尔玛公司有效减少了门店库存，增加了存货的流动速度，大大降低了物流成本。据统计，沃尔玛公司的管理费用只占总销售额的16.6%，低于同行业竞争对手。较低的运营成本使沃尔玛公司成为本行业中的成本领先者，能够以比其他商店更低的价格销售商品。沃尔玛公司经营的商品与当地同类商店相比，其价格低于一般商场20%～30%。从而使沃尔玛公司能够实现"天天平价，始终如一"这一宗旨，真正做到天天平价，吸引了大量消费者。

(2) 信息系统与差异化战略。

企业可以借助信息系统推出区别于竞争对手的新产品、新服务，从而获取竞争优势。借助这类信息系统，企业可以不需再响应竞争对手基于价格上的竞争，而是通过提供难以复制的产品和服务，拉开与竞争对手的差距。许多公司利用这一信息系统战略取得竞争优势。例如，戴尔公司可以满足客户对计算机特性和部件的个性化需求。客户可以通过电话或戴尔公司网站下订单，一旦戴尔公司收到客户订单，它就指挥组装厂装配相应的电脑，并通过直销的方式销售给客户。苹果公司的成功很大程度上依赖于其能够不断推出以强大创新能力为后盾的新产品、新服务。苹果公司的产品，外观上善于把握时尚、引领时尚，功能上也往往独具特色。以 iPhone 为例，它以多点触摸屏取代传统手机键盘，并采用了经过界面优化的桌面电脑操作系统，并且在配置上远远高于竞争对手。在功能上，它似乎是 MP3、便携照相机、掌上游戏机、掌上电脑的集合体，引领了手机市场的风潮。苹果公司不仅为顾客提供差异化的产品，还为顾客提供独特的服务，在顾客购买 iPhone 以后，你就可以通过在线软件销售商店 App store 获得手机软件服务。依靠 iPhone+ App store 的差异化组合模式，苹果公司在手机市场一举击溃其他竞争对手，获得了巨大成功。

借助信息技术，已经有许多新产品和新服务被开发出来，如表 3-1 所示。

表 3-1　基于信息技术的新产品、新服务

新产品与服务	所依赖的信息技术
在线银行	保密的通信网络；Internet
现金管理账户	全社会范围的客户记账系统
衍生投资	交易管理系统；大型事务处理系统
国际范围的航空、旅馆、自动预约系统	基于全球通信的预约系统
邮件快递	全国范围内的包裹追踪系统
邮寄购物	客户数据库
语音信箱服务系统	公司内部网络化的数字通信系统
自动存取款机	客户账户管理系统
服装定制	计算机辅助设计和制造系统

(3) 信息系统与集中化战略。

借助信息系统，可以帮助企业聚焦于目标市场，并在目标市场的竞争中胜出。借助类似数据挖掘这样的信息技术，企业可以利用产品销售和客户数据分析消费者的购买模式和偏好，从而更好地发现目标客户，服务于目标市场，针对性地开展营销和市场竞争活动。如亚马逊公司，依靠数据挖掘分析顾客数据获得潜在竞争优势。亚马逊公司认为收集和分析顾客数据是保持客户满意度和忠诚度的最佳方法，通过数据挖掘，亚马逊公司有时甚至能够知道一些消费者自己可能都不知道的信息。借助对消费者购买经历、对产品的评价、产品浏览和搜索行为，亚马逊公司可以有的放矢地向消费者推荐商品。调研数据显示，亚马逊网站推荐商品的销售转化率可以高达 60%。正是借助数据挖掘和独特的推荐系统，亚马逊公司能够更好地了解和服务目标客户，取得了巨大成功。

以数据挖掘为代表的信息技术在识别集中化战略中的一些典型应用包括：确认那些从你的企业购买同一种产品的顾客的共性，预测哪些顾客将可能离开你投入你的竞争者的怀抱里，确认哪些客户可以被列入邮售名单以达到高收益率，预测访问网站的客户是否对所看到的有兴趣，了解哪些产品与服务通常被一起销售，揭示本月与上个月典型顾客的差别等。

3.2.2 信息系统与共赢战略

3.2.2.1 价值网模型

价值网模型是布兰德伯格和纳尔波夫在网络经济背景下提出的概念，价值网是由利益相关者之间相互影响而形成的价值生成、分配、转移和使用的关系及其结构。价值网络强调“以顾客为中心”，在专业化分工的生产服务模式下，把处于“价值链”上不同位置并存在密切关联的企业或者相关利益体整合在一起，建立一个以顾客为核心的价值创造体系，共同为顾客创造价值。当顾客出现新的价值需求时，网络成员也可以联合起来进行共同研发，迅速地满足顾客需求。通过充分整合价值网络中相关成员的价值创造能力，可以更好地为顾客提供个性化的价值。价值网成员建立的相互关系不是零和博弈下的背弃式竞争，而是基于双赢思想的紧密合作，成员公司之间建立合作关系能够实现核心能力优势互补，共担风险和成本，共享市场和顾客忠诚。

价值网理论对价值链理论进行了拓展和提升，价值网络是围绕顾客价值重构原有价值链，通过网络中不同层次和不同主体之间的互动关系而形成的多条价值链在多个环节上网状的联系和交换关系。由这些关系形成的网络将产生网络效应，处于每个网络节点上的个体或组织可以从这种聚合作用中创造或者获取更多的价值。在战略思维上发生了巨大的变化，价值网强调竞争和合作两个方面。以顾客价值为核心，与顾客、供应商及互补者共同合作创造出价值（即双赢的过程），同时它又要同顾客、供应商、互补者竞争以便获得价值（即赢输的较量）。这种竞争和合作的结合被称为合作竞争。

价值网把供应商看作是经营一体化的合作伙伴，而且网络的每一位成员对其整体的价值观有高度的认同。而价值链仅仅把供应商看作供求的交易关系者，公司与供应商的关系是对立性的，常常以供应商利益为代价，达到降低成本、提高利润的目的。价值网把顾客作为企业经营的参与者，营销成了价值网的一个组成部分，有效地降低营销成本、强化与顾客的沟通方式，目的是与顾客一同创造价值；而价值链是将顾客看成营销对象，通过营销手段向他们推销产品，并开展售后服务。

与价值链相比，价值网更多是“以客户为本”，很少以线性方式运作。图 3-5 显示价值网在本行业或相关行业中与供应商、顾客和贸易伙伴的同步企业过程。这些由多价值链灵活适应供求的变化，作为对市场的反应，它们之间的关系可以或紧或松。公司可以通过优化价值网络来快速决定谁能以合适的价格提供顾客所要求的产品和服务，从而缩减其进入市场和顾客响应的时间。

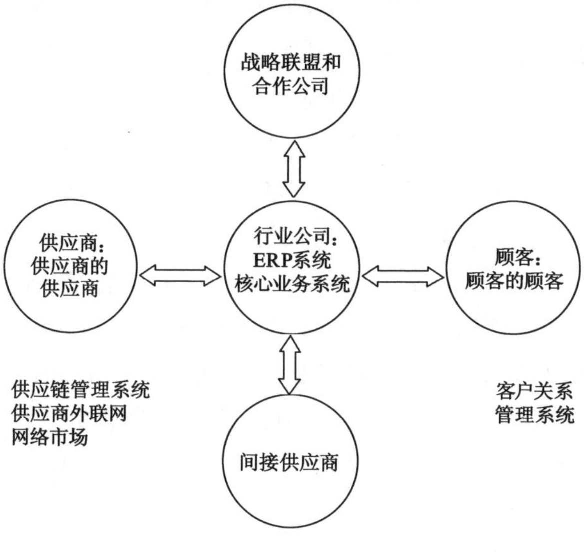

图 3-5　价值网模型

3.2.2.2　信息系统与企业生态系统

企业生态系统是建立在价值网理念基础上，有别于传统企业竞争模式的一种新的商业模式。企业生态系统是以组织和个人的相互作用为基础的经济联合体，该系统超越了传统价值链，也不局限于行业部门，而是涉及供应商、分销商、外包服务公司、融资机构、关键技术提供商、互补产品制造商，甚至包括竞争对手、客户和监管机构与媒体等对公司经营产生直接或间接影响的诸多因素。企业生态系统中相互依赖的企业通常是跨行业合作的，形成一个像自然生态系统的商业生态系统，类似一个由合作企业之间、企业与环境之间相互作用而形成的社会，每家企业最终都与整个企业生态系统共进化、共命运。其主要特点是：

(1) 由一个或少数几个企业统领着这个生态系统，并建造平台以供其他专业定位企业应用。可以突破传统的组织边界限制，实现跨企业、跨区域、跨行业，甚至全球化的发展和合作。

(2) 信息技术在企业生态系统建立与运作中扮演着重要角色。价值网中的企业通过网络技术等构筑的信息系统平台凝聚在一起，形成整体运作的企业生态系统。

亚马逊网站成功地通过互联网平台将大量客户及合作伙伴凝聚在一起，扩展成今天这样一个网上购物中心。亚马逊网站还利用这一平台的强大在线基础设施，为全球最大的玩具及婴幼儿用品零售商玩具反斗城公司提供了一个强有力的在线展示功能，在展示商品的同时接受和完成订单，而玩具反斗城公司则只负责挑选玩具和进行库存管理。亚马逊网站是一个创新的商业平台，为许多寻求甩掉多余存货的零售商提供了更多的销售机会。通过"第三方"交易，亚马逊公司所获得的资金总额接近总收入的1/4，远远高于其利润。这些交易产生了几乎和亚马逊公司核心商业(如书籍、影像、CD销售)同等的收入。

中国现阶段信息化的最新动向，即以战略为导向，将信息技术与业务和产品创新进行有机结合，创造出难以复制的竞争优势。在2019年上榜的50名"中国优秀CIO"中，有86%的获奖理由在于企业已经将IT在企业发展中的作用上升到战略高度。如今人们认识到，先进的IT本身并不会给企业带来长久的竞争优势，真正的优势来自以战略为导向，将IT与商业流程和产品创新进行融合。

互联网数据中心调查发现，2018年在经济发达国家，许多企业的CIO关注IT应用的几大领域包括：实现产品创新、改善客户关系、实现更好的实时运作。IDC的数据显示：中国市场的IT投入发展速度保持高达两位数的增长。在经济全球化的影响下，中国企业正面临着与国外企业相似的挑战，成败取决于"比竞争对手更好地了解客户，并且更快地将这种了解转化为行动"。在竞争激烈、变化快速且不可预测的时代里，灵活地响应市场需求，创新产品和业务流程已经成为企业的战略利器，而IT工具使得战略和流程的耦合变得更加切实可行。

3.3 信息系统规划的阶段和步骤

3.3.1 信息系统规划的阶段划分

合理的规划可以明确组织的发展目标，并且可以监控组织为了达到这种目标而采取的措施和步骤。任何一种类型的业务规划都是从描述组织希望在今后的一段时间内发展的明确目标开始的，这段时间的长度往往是5年或者更长的时间。

一般的信息系统规划包括 4 个阶段，即信息系统战略规划、组织和业务流程规划、信息系统体系架构规划和信息系统实施规划。如图 3-6 所示。

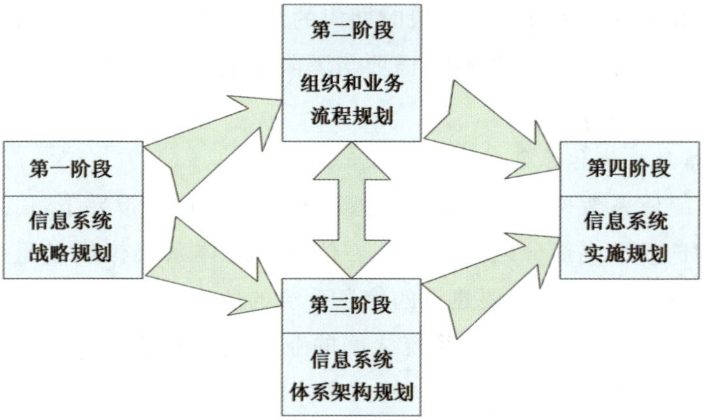

图 3-6　信息系统规划的 4 个阶段

3.3.1.1　信息系统战略规划阶段

信息系统战略规划是信息系统规划的起点和核心，是组织战略的一个重要组成部分，是指导整个信息系统规划和建设的战略方向。信息系统的战略规划一般既包括三至五年长期规划，也包含一至两年的短期计划。长期规划部分指出了总的发展方向，而短期计划部分则为作业的具体责任提供依据。一般来说，整个战略规划包含如下主要内容：

第一，信息系统的目标、约束和结构。信息系统战略规划应根据组织的战略目标，组织的业务流程改革与创新需求以及组织的内、外约束条件，来确定信息系统的总目标、发展战略规划。第二，对目前组织的业务流程与信息系统的功能、应用环境和应用现状进行评价，了解当前的能力状况，制定改革业务流程，制定信息系统的政策、目标和战略。第三，对影响计划的信息技术发展的预测。信息系统发展战略规划无疑要受当前和未来信息技术发展的影响。因此，计算机及其各项技术的影响应得到必要的重视，并在战略规划中有所反应。第四，近期计划。在发展战略规划适用的几年中，应对即将到来的一段时期做出具体的安排。

3.3.1.2　组织和业务流程规划阶段

组织和业务流程规划是指在信息系统战略规划的指导下，组织结构和业务流程将要采取的变化策略和变化程度，是从管理视角定义可以满足和支持信息系统战略规划的业务流程、部门设置、岗位设置、规章制度等，是确保信息系统战略规划顺利实施的组织保障。就像中长期规划一样，组织和业务流程规划应该给出组织和业务流程在今后一段时期内的组织和业务流程调整规划和计划。在组织和业务流程规划的过程中，需要与下阶段的信息系统体系架构规划的制定进行反复沟通和协调。

3.3.1.3 信息系统体系架构规划阶段

信息系统体系架构规划是指在信息系统战略规划的指导下，信息系统各个组成部分和这些组成部分之间的关系。信息系统体系架构规划至少包括三方面的内容：一是定义组织将要建设的信息系统的所有子系统及其这些子系统的规模和程度。二是定义这些子系统之间的业务关系和数据关系。三是定义这些信息系统与业务流程和部门之间的关系。就像组织和业务流程规划一样，信息系统体系架构规划也是一个反复的过程。

3.3.1.4 信息系统实施规划阶段

信息系统实施规划是在前面三个规划的基础上制定的时间规划、资源规划和项目规划。时间规划是指信息系统实施的高层时间安排。资源规划是对信息系统建设中将要用到的人力、物力、财力作出宏观的安排。而项目规划是指确定信息系统建设可以分解成哪些具体的、目标明确的、可管理的信息系统建设项目，是今后开展信息系统建设具体工作的基础。

3.3.2 信息系统规划的步骤

进行信息系统的战略规划一般遵循以下步骤：

(1) 确定规划的性质。基本规划问题的确定，应包括规划的年限、规划的方法，确定集中式还是分散式的规划，以及是进取的还是保守的规划。

(2) 收集相关信息。包括从本企业内部各种信息系统委员会、各管理层、与供应商相似的企业、各种文件以及从其他信息渠道收集信息。

(3) 进行战略分析和定义计划约束。包括目标、系统开发方法、计划活动、现存硬件及其质量、信息部门人员、运行和控制、资金、安全措施、人员经验、手续和标准、中期和长期优先顺序、外部和内部关系、现存的设备、现存软件及其质量，以及企业的思想和道德状况。

(4) 明确战略目标。根据步骤(3)的结果确定系统的开发目标，明确系统应具有的功能、服务范围和质量等。实际中由 CIO 来设置,应包括服务的质量和范围、政策、组织以及人员等,它不仅包括信息系统的目标,而且应有整个企业的目标。

(5) 提出未来的缩略图。给出系统的初步框架,包括各子系统的划分等。

(6) 识别上面列出的各种活动,是一次性的工程项目性质的活动,还是一种重复性的经常进行的活动。由于资源有限,不可能所有项目同时进行,只有选择一些好处最大的项目优先进行,正确选择风险大的项目和风险小的项目的比例。

(7) 选择开发方案。选定优先开发的项目,确定总体开发顺序、开发策略和开发方法。

(8) 根据步骤(7)的结果来编制项目的实施进度计划。估计项目成本和人员需求,并列出开发进度表。

(9) 把战略长期规划书写成文。在此过程中还要不断与用户、信息系统工作人员以及信息系统委员会的领导交换意见。

(10) 通过战略规划。经 CIO 批准后生效。

3.4 信息系统分析的内容和方法

信息系统分析阶段的目标就是在系统规则所定的某个开发项目范围内,明确信息系统开发的目标和用户的信息需求,提出信息系统的逻辑方案。软件开发的第一步是信息系统分析,信息系统分析要回答新信息系统“做什么”这个关键问题。

信息系统分析的任务是充分了解用户的需求,并把双方的理解用系统说明书的方式表达出来。信息系统分析的主要任务是在充分认识原系统的基础上,汇总信息系统详细调查中所得到的文档资料,对组织内部整体管理状况和信息处理过程进行分析,通过目标识别、可行性分析、需求分析、详细调查、系统性分析,最终提出新信息系统的逻辑设计方案,并以系统说明书的方式表达出来。

信息系统分析的基本步骤可以细分为三步:

第一步是详细调查:收集和分析用户的需求,尽可能地掌握信息系统和组织的业务过程及日常事务。

第二步是文档汇总:将通过详细调查得到的文档资料整合在一起,通过图表工具建立一个初步的逻辑模型并适当地做出调整。

第三步是确定新系统逻辑方案:将最终得到的逻辑设计模型以系统说明书的方式表达出来。

信息系统分析的方法主要有结构化分析方法和面向对象分析方法两种。结构化方法把信息系统视为一个过程的集合,一些由人完成,另一些由计算机完成。计算机完成的过程就是常规的计算机程序——按顺序执行的指令。结构化分析方法强调的是过程,它所描述的信息系统包括过程、数据、输入和输出。

为保证信息系统分析工作能够全面、客观、正确地进行,在信息系统分析过程中应该遵循以下原则。

(1) 重视可行性分析。信息系统分析工作的基础是调查研究。在调查研究过程中,系统分析员会遇到各种各样的问题,而组织内部每一项管理工作都是依据组织的管理需要和具体情况而设定的,因此系统分析工作必须了解这些管理工作设定的原因、环境及详细的工作流程,分析其是否需保留或改进,并分析有无改进的可行性。重视对这些问题的可行性分析有助于正确认识问题、解决问题。

(2) 工作方式规范化。信息系统分析工作是复杂而且困难的,需要一套完整规范的实施方案,才能做好这项工作,所以一定要规范化,按照工程化的方法组织和展开工作,这样可避免分析工作中一些可能出现的问题。规范化要求分析工作中的每一步都要事先做好计划,工作方法和调查所用的表格、图例要求统一,以便对结果进行准确分析,进行规范的文档整理,以供进一步工作使用。

(3) 主次分明。信息系统分析过程中要分清主次,坚持全面铺开和重点分析相结合的方法。这有助于认识和明确系统、子系统的功能和目标,有利于认清问题的本质和事物之间的联系,有利于信息系统分析工作的顺利进行。

(4) 以用户为中心。信息系统开发工作的主要目的是为用户的使用和管理提供便利,信息系统功能要满足用户的需求,正确反映用户管理的特点。因此在信息系统分析过程中要与用户进行充分的交流和沟通,以用户需求为导向,保证信息系统分析工作的顺利进行。

详细调查是信息系统开发工作中一个重要的环节,详细调查的结果是系统分析员进行系统分析的主要依据,也是系统设计人进行设计的核心依据,其工作质量关乎整个信息处理开发工作的开展成败,具有重要的意义。

3.4.1 详细调查的目的和原则

详细调查的对象是现行系统，包括手工系统和已采用计算机的信息系统。

详细调查的目的在于完整掌握现行系统的现状，发现问题和薄弱环节，最大限度地收集资料，为下一步系统化分析和提出新信息系统的逻辑设计做好准备。

详细调查应遵循用户参与原则，即由使用部门的业务人员、主管人员和设计部门的系统分析人员、系统设计人员共同进行。设计人员虽然掌握 IT 技术，但对使用部门的业务不够清楚，管理人员则熟悉本身业务而不一定了解 IT 技术，两者有机结合就能互补，更深入地发现原有系统存在的问题，共同研讨解决的方案。

3.4.2 详细调查的范围

详细调查应该自顶向下全面展开，围绕组织内部信息流所涉及领域的各个方面，不能仅仅局限于信息和信息流，而应包括企业的生产、经营和管理等各个方面，我们可以概括地将详细调查的范围归纳为以下 9 个方面。

（1）组织机构和功能业务。

（2）组织目标和发展战略。

（3）工艺流程和产品构成。

（4）数据与数据流程。

（5）业务流程与运作形式。

（6）管理方式和具体业务的管理方法。

（7）决策方式和决策过程。

（8）可用资源和限制条件。

（9）现存问题和改进意见。

3.4.3 详细调查的方法

详细调查是一项烦琐而又艰巨的任务，为了使详细调查工作能够顺利地进行，需要掌握有关的方法和一定的技巧。在信息系统的开发中，主要采用以下三种详细调查方法。

（1）重点询问调查。

首先，系统分析人员根据初步调查和需求分析的结果，列出影响新信息系统成败的关键因素。编制一个调查问卷表，然后自顶向下地对组织管理层逐个进行访问并整理结果，从而得到各部门对其工作的认识和设想。

（2）全面业务需求分析的问卷调查。

对企业各个管理岗位的工作人员进行全面的需求分析调查，分类整理调查结果，有效地了解企业各个管理岗位的工作业务流程。常见的调查表主要有：上级单位对企业要求调查表、信息系统功能需求调查表、企业业务流程调查表、企业各业务部门组织结构调查表、信息需求调查表和业务文件/报表调查表等。

（3）深入实际的调查方式。

系统分析人员可以深入企业内部，采用与企业员工面对面交谈，与业务骨干进行深度访谈，更加深入地去了解企业的工作业务流程，以增强对复杂业务及工作的了解，以便更好地进行系统分析。

第4章　基于SOA的矿业组合服务设计

4.1　面向服务的软件架构概述

4.1.1　面向服务的体系结构SOA简介

世界著名的电子商务标准推进和结构化信息标准促进组织OASIS(Organization for the Advancement of Structured Information Standards)给出的定义：SOA(Service-oriented architecture)是一个范式，用于组织和利用可能处于不同所有权范围控制下的分布式系统。

维基百科给出的SOA定义：面向服务的体系结构是构造分布式系统的应用程序的方法。它将应用程序功能作为服务发送给最终用户或者其他服务。它采用开放标准、与软件资源进行交互并采用标识的标准方式。

软件行业公认的说法：面向服务的体系结构是一个组件模型，它将应用程序的不同功能单元(称为服务)通过这些服务之间定义良好的接口和契约联系起来。

准确全面理解SOA，首先必须理解SOA的核心要素。SOA的目标就是实现灵活可变的IT系统。要达到灵活性，可通过三个途径来解决：标准化封装(互操作性)、复用、松耦合可编排。

4.1.1.1　标准化封装

传统软件架构，因为软件封装的技术和对平台的依赖，一直没能彻底解决互操作问题。互联网前所未有的开放性意味着节点可能采用不同的组件、平台技术、对技术细节进行了个体化的约束，构建模型和架构没有统一标准，从而导致架构平台自身在组件描述、发布、发现、调用、互操作协议及数据传输等方面呈现出巨大的异构性。各种不良技术约束的结果使得软件系统跨互联网进行交互变得困难重重，最终导致了跨企业/部门的业务集成和重组难以灵活快速地进行。

在软件的互操作方面，传统中间件只是实现了访问互操作，即通过标准化的 API 实现了同类系统之间的调用互操作，而连接互操作则依赖于特定的访问协议。SOA 通过标准的、支持 Internet、与操作系统无关的 SOAP 协议实现了连接互操作。而且，服务的封装采用 XML 协议，具有自解析和自定义的特性，这样，基于 SOA 的中间件还可以实现语义互操作。

SOA 实现互操作，就是通过一系列的标准族，来实现访问、连接和语义等各种层面的互操作。

4.1.1.2 软件复用

软件复用，即软件的重用或再用。从软件复用技术的发展来看，就是不断地提升抽象级别，扩大复用范围。子程序是最原始的复用，因为这种复用范围是在一个可执行程序内复用，如果子程序修改，意味着所有调用这个子程序的系统必须重新编译、测试和发布。软件复用对象和范围如表 4-1 所列。

表 4-1 软件复用对象和范围

复用对象	复用范围
子程序	一个可执行程序内复用，静态开发期复用
组件(DLL，Com 等)	系统内复用，动态运行期复用
企业对象组件(Com＋，NET，EJB 等)	企业网络内复用，不同系统之间复用
服务(如 Web Service，SCA/SDO)	不同企业之间，全球复用，动态可配置

4.1.1.3 耦合关系

松耦合与解耦过程也是 SOA 架构的重要特点。传统软件将网络连接、数据转换、业务逻辑全部耦合在一个整体之中，使得系统“牵一发而动全身”，软件就难以适应业务、环境与技术变化。分布式对象技术将网络连接逻辑进行分离，消息中间件将连接逻辑进行异步处理，增加了更大的灵活性。消息代理和一些分布式对象中间件将数据转换也进行了分离，从而改善了软件灵活性。而 SOA 架构，通过服务的封装，实现了业务逻辑与网络连接、数据转换等进行完全解耦，大大提高了软件系统的灵活性。

4.1.2 SOA 通用模型和技术架构

面向服务的架构是一个组件模型，它可以根据需求通过网络对松散耦合的粗粒度应用组件进行分布式部署、组合和使用。它将应用程序的不同功能单元

(称为服务或业务)进行拆分,并通过这些服务之间定义良好的接口和协议联系起来,对软件进行分层开发,形成可以直接被应用调用的组件。调用接口采用中立的方式进行定义,独立于实现服务的硬件平台、操作系统和编程语言。这使得构建在各种各样的系统中的服务可以以一种统一和通用的方式进行交互。

SOA是一种粗粒度、开放式、松耦合的服务架构,通过分层设计或架构体系可以使软件产品变得更加富有弹性和灵活,且尽可能地与第三方软件产品互补兼容,以达到快速扩展,满足或响应市场或客户需求的多样化、多边性。业务服务之间经过简单、精确定义接口通过服务层进行数据通信,不涉及底层编程接口和通信模型。因此,SOA可以看作是B/S模型、XML(标准通用标记语言的子集)以及Web Service技术之后的自然延伸。SOA软件模型如图4-1所示。

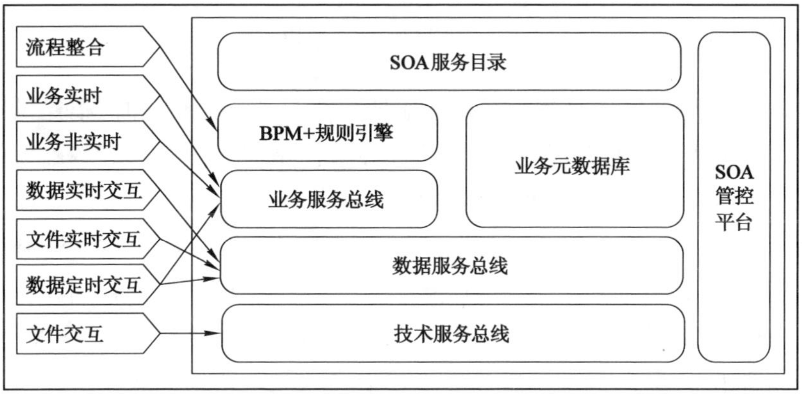

图4-1　SOA软件模型

SOA系统是一种企业通用性架构,它能够帮助软件工程师们站在一个新的高度理解企业级架构中各种组件的开发、部署形式,它将帮助企业系统架构者以更迅速、更可靠、更具重用性架构整个业务系统,从而更加从容地面对企业管理业务的快速变化。

SOA的核心主体是服务。从业务角度而言,服务是一个可重复的经过标准封装的任务,例如:检查账号余额、开设新账户等,都是一个业务服务。SOA的目标是通过服务的流程化来实现业务的灵活性。所谓流程(Process)是由一系列相互关联的任务所组成,实现一个具体的业务功能。一个流程可以由一系列服务来完成。

根据这个模型可以看出,完整的SOA架构由五大部分组成,分别是基础设施服务、企业服务总线、关键服务组件、开发工具和管理工具等。SOA 标准架构如图 4-2 所示。

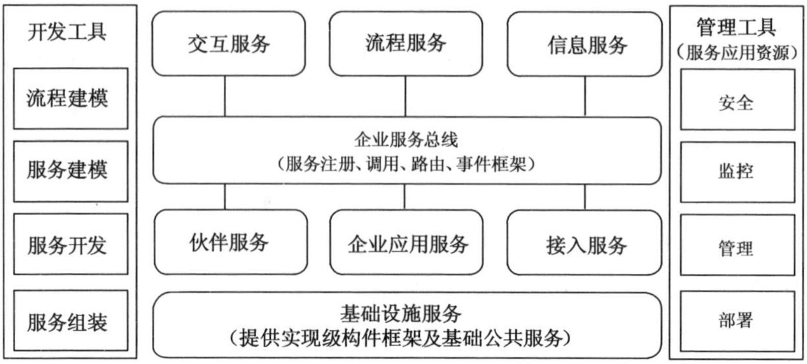

图 4-2　SOA 标准架构

(1) SOA 基础设施服务。基础设施是为整个 SOA 组件和框架提供一个可靠的运行环境以及服务组件容器,它的核心组件是应用服务器等基础软件支撑设施,提供软件运行期完整、可靠的软件支撑。

(2) SOA 企业服务总线。企业服务总线是指由中间件基础设施产品技术实现的、通过事件驱动和基于 XML 消息引擎,为 SOA 提供软件架构的构造物。

企业服务总线提供可靠消息传输、服务接入、协议转换、数据格式转换、基于内容的路由等功能,屏蔽了服务的物理途径、位置、协议和数据格式。通过企业服务总线实现应用业务发布、封装盒提升等功能;业务服务的序列可以编排成为业务流程管理中的流程,而流程也可以被发布和提升为复合服务(Composited Service),业务服务还可以被外部的 SOA 系统再次编排和组合。企业服务总线是实现 SOA 组合服务的重要支撑平台,是 SOA 解决方案的核心,从某种意义上说,如果没有企业服务总线,就不能算作严格意义上的 SOA。

(3) 关键业务组件。关键服务实现,是 SOA 在各种业务服务组件的分类。一般来说,一个企业级的 SOA 架构通常包括交互服务、流程服务、信息服务、伙伴服务、企业应用服务和接入服务。这些服务可能是一些服务组件,也可能是企业应用系统(如 ERP)所暴露的服务接口等。这些服务都可以接入企业服务总线,进行集中统一管理。

(4) 开发工具和管理工具。这些工具提供完善的、可视化的服务开发和流程编排服务,涵盖服务的设计、开发、配置、部署、监控、重构等完整的 SOA 项目开发生命周期。

4.1.3 SOA 体系架构的特点

4.1.3.1 松耦合架构

中立性接口和契约关系是 SOA 系统实现组件式调用关系的重要特点。这种具有中立的接口定义的特征称为服务之间的松耦合。松耦合系统的好处之一是它的灵活性，另一优点是当组成整个应用程序的每个服务的内部结构和实现逐渐发生改变时，它能够继续存在。与之相反，紧耦合意味着应用程序的不同组件之间的接口与其功能和结构是紧密相连或捆绑式的，因而当需要对部分或整个应用程序进行某种形式的更改时，系统的制约性将很难完成这种变化。

对松耦合的系统，应用系统根据业务变化需要，可以更加灵活地适应需求改变和环境变化。比如经常改变的政策、业务级别变更、业务重点重组、合作伙伴关系变化、行业地位以及其他与业务有关的因素，这些因素通常会直接影响业务的性质。

基于 SOA 的系统并不排除使用面向对象的设计来构建单个服务，但是其整体设计却是面向服务的。由于它考虑到了系统内的对象，所以虽然 SOA 是基于对象的，但是作为一个整体，它却不是面向对象的。不同之处在于接口的中立性。SOA 系统原型的一个典型例子是通用对象请求代理体系结构，它是以可扩展标记语言为基础的。通过使用基于 XML(标准通用标记语言的子集)的语言(称为 Web 服务描述语言)来描述接口，服务已经转到更动态且更灵活的接口系统中，非通用对象请求代理体系结构中的接口描述语言可比了。

Web 服务并不是实现 SOA 的唯一方式。通用对象请求代理体系结构是另一种方式，这样就有了面向消息的中间件系统。但是为了建立体系结构模型，不仅仅是服务描述，还要定义整个应用程序如何在服务之间执行其工作流。尤其需要找到业务的操作和业务中所使用软件操作之间的转换点。因此，SOA 应该能够将业务的商业流程与它们的技术流程联系起来，并且映射这两者之间的关系。例如，给供应商付款的操作是商业流程，而更新设备管理系统的零件数据库数据时，则需要的是技术流程。因此，工作流在 SOA 的设计中扮演重要的角色。

此外，动态业务的工作流不仅可以包括部门之间的操作，还可以包括与系统无关的外部合作伙伴进行的操作。因此，为了提高效率，需要定义应该如何得知服务之间的关系的策略，这种策略常常采用服务级协定和操作策略的形式。

4.1.3.2　面向服务的体系结构

对 SOA 的需要来源于需要使业务 IT 系统变得更加灵活，以适应业务中的改变。通过允许强定义的关系和依然灵活的特定实现，IT 系统既可以利用现有系统的功能，又可以准备在以后做一些改变来满足它们之间交互的需要。

下面举一个应用实例来说明面向服务的体系结构的作用。

一个服装零售组织拥有 500 家国际连锁店，它们常常需要更改设计来赶上时尚的潮流。这可能意味着不仅需要更改样式和颜色，甚至还可能需要更换布料、制造商和可交付的产品。如果零售商和制造商之间的系统不兼容，那么从一个供应商到另一个供应商的更换可能就是一个非常复杂的软件流程。通过利用 WSDL(Web Services Description Language)接口在操作方面的灵活性，每个公司都可以将它们的现有系统保持现状，而仅仅匹配 WSDL 接口并制订新的服务级协定，这样就不必完全重构它们的软件系统了。这是业务的水平改变，也就是说，它们改变的是合作伙伴，而所有的业务操作基本上都保持不变。这里，业务接口可以做少许改变，而内部操作却不需要改变，之所以这样做，仅仅是为了能够与外部合作伙伴同步协同。

另一种形式是内部改变，在这种改变中，零售组织决定它将把连锁零售商店内的一些地方出租给专卖流行衣服的小商店，这可以看作是采用店中店的业务模型。这里，虽然公司的大多数业务操作都保持不变，但是它们需要新的内部软件来处理这样的出租安排。尽管在内部软件系统可以承受全面的检修，但是它们需要在这样做的同时不会对与现有的供应商系统的交互产生大的影响。在这种情况下，SOA 模型保持原封不动，而内部实现却发生了变化。

为了延续内部改变的观念，CIO 可能会发现，软件的新配置还可以以另外的一种方式加以使用，比如出租粘贴海报的地方以供广告之用。这里，新的业务提议是通过在新的设计中重用灵活的 SOA 模型得出的。这是来自 SOA 模型的新成果，并且还是一个新的机会，而这样的新机会在以前的技术中是不会提供的。

垂直改变也是可能的，在这种改变中，零售商从销售他们自己的服装完全转变到专门通过店中店模式出租地方。如果垂直改变完全从最底层开始的话，就会带来 SOA 模型结构的显著改变，与之一起改变的还可能有新的系统、软件、流程以及关系。在这种情况下，SOA 模型的好处是它从业务操作和流程的角度考虑问题而不是从应用程序的角度考虑问题，这使得业务管理可以根据业务的操作清楚地确定什么需要添加、修改或删除。然后可以将软件系统构造为适合业务处理的方式，而不是在许多现有的软件平台上常常看到的其他方式。

综上所述，业务改变和 SOA 系统适应改变的能力是 SOA 体系最重要的特征。对于开发人员来说，这样的改变无论是在他们工作的范围之内还是在他们工作的范围之外都有可能发生，这取决于是否有改变需要知道接口是如何定义的以及它们相互之间如何进行交互。与开发人员不同的是，系统架构师的作用就是对 SOA 模型进行大的改变。这种具体分工的特点就是让开发人员集中精力于创建作为服务定义的功能单元，而让系统架构师和建模人员集中精力于如何将这些单元适当地组织在一起，各司其职，提高工作效率，不必增加技术难度。

对于面向同步和异步应用的，基于请求/响应模式的分布式计算来说，SOA 具有更加显著的特点。一个应用程序的业务逻辑或某些单独的功能被模块化并作为服务呈现给消费者或客户端。这些服务的关键是它们的松耦合特性。例如，服务的接口和实现相独立。应用开发人员或者系统集成者可以通过组合一个或多个服务来构建应用，而无须理解服务的底层实现。举例来说，一个服务可以用.Net 或 J2EE 来实现，而使用该服务的应用程序可以在不同的平台之上，因此，使用的语言也可以不同。

4.1.4 SOA 体系结构的特征

实施 SOA 的关键目标是实现企业 IT 资产的最大化作用。因此，SOA 的实施具有以下显著的基本特征。

(1) 粗粒度的服务接口分级。粗粒度的服务则是在一个抽象的接口中封装了较大的业务模块，减少服务请求交互的次数。

(2) 松散耦合方式。服务请求者到服务提供者的绑定与服务之间呈松耦合状态。因此，服务请求者不需要知道服务提供者实现的技术细节，例如程序语言、底层平台等。只要充分了解业务的进程，就可以不用编写一行代码，通过流程图实现一套自己的信息系统，加快了系统开发速度，并且减少了开发和维护的费用。软件将所有的管理提炼成表单和流程，以记录管理的内容，指定过程的流转方向。

(3) 可重用的服务。可复用以往的信息化软件。基于 SOA 的协同软件提供了应用集成功能，能够将 ERP、CRM、HR 等异构系统的数据集成。

(4) 无状态服务设计。服务应该是独立的、自包含的请求，在实现时它不需要获取从一个请求到另一个请求的信息或状态。服务不应该依赖于其他服务的上下文和状态。当产生依赖时，它们可以定义成通用业务流程、函数和数据模型。

(5) 标准化的服务接口。服务交互必须是明确定义的。Web 服务描述语言是用于描述服务请求者所要求的绑定到服务提供者的细节，WSDL 不包括服务实现的任何技术细节。服务请求者不知道也不关心服务究竟是由哪种程序设计语言编写的。

(6) 支持各种消息模式。SOA 服务用消息进行通信，该消息通常使用 XSD (XML Schema Definition)来定义。用户和服务之间可实现即时通信，服务间的通信也可以看作企业内部处理的关键商业文档。

(7) 基于开放标准。当前 SOA 服务的实现形式是 Web 服务，基于的是公开的 W3C 及其他公认标准，采用第一代 Web 服务定义的 SOAP、WSDL 和 UDDI 以及第二代 Web 服务定义的标准来实现 SOA 服务。

(8) SOA 服务具有平台独立的自我描述 XML 文档。Web 服务描述语言 WSDL 是用于描述服务的标准语言。

(9) 高可靠性服务品质。每项 SOA 服务都有一个与之相关的服务品质。服务品质的一些关键元素有安全机制(例如认证和授权)，可靠通信以及调用服务的策略。

(10) 企业通用架构。SOA 的出现给传统的信息化产业带来新的概念，即企业信息系统不再是各自独立的架构形式，通过 SOA 能够轻松地实现相互联系并组合共享信息。

(11) 更简便的信息和数据集成。信息集成功能可以将散落在广域网和局域网上的文档、目录、网页轻松集成，加强了信息的协同相关性。同时，复杂、成本高昂的数据集成，也变成了简单且低成本实现的参数设定。创建了完全集成的信息化应用新领域。

在具体的功能实现上，SOA 协同软件所实现的功能包括了知识管理、流程管理、人事管理、客户管理、项目管理、应用集成等。从部门角度看，SOA 协同软件涉及的部门包含行政、后勤、营销、物流、生产等部门。从应用思想上看，SOA 协同软件中的信息管理功能，全面兼顾了贯穿整个企业组织的信息化软硬件投入。尽管各种 IT 技术可以用于不同的方面，但是信息管理并没有任意地将信息分为结构化或者非结构化的部分，因此 ERP 等结构化管理系统并不是信息化建设的全部；同时，信息管理也没有将信息化解决方案划分为部门的视图。基于 SOA 的协同软件与传统应用软件相比，关键的不同在于它可以在合适的时间、合适的地点并且有正当理由向需要它提供服务的任何用户提供服务。

4.1.5　SOA 体系结构的优势

(1) SOA 可通过互联网服务器发布，实现与供应链上下游伙伴业务的紧密结合。通过 SOA 架构，企业可以与其业务伙伴直接建立新渠道，建立新伙伴的成本得以降低。

(2) SOA 与平台无关，减少了业务应用实现的限制。要将企业的业务伙伴整合到企业的“大”业务系统中，对其业务伙伴具体采用什么技术没有限制。

(3) SOA 具有低耦合性特点，业务伙伴对整个业务系统的影响较低。在企业与各业务伙伴关系不断发生变化的情况下，节省的费用会越来越多。

(4) SOA 具有可按模块分阶段实施的优势。可以成功一步再做下一步，将实施对企业的冲击减少到最小。

(5) SOA 的实施可能并不具有成本显著性。下面分三种情况加以讨论：

① 当企业从零开始构建业务系统时，采用 SOA 架构与不采用 SOA 架构成本可看作是相同的。

② 当企业业务发展或发生企业重组等变化而原有系统不能满足需求，而需要重构业务系统时，采用 SOA 架构与不采用 SOA 架构成本可看作是相同的。

③ 当企业业务发生缓慢变化并可预见到将来需要重构业务系统时，由于可以按模块分阶段逐步实施 SOA 以适应变化的需要，这样企业不需一下子投入一大笔经费进行系统改造，而是根据企业业务发展情况和资金情况逐步投入，缓解了资金投入的压力。

4.1.6　SOA 体系结构的推动因素和发展效益

4.1.6.1　推动因素

随着云计算和大数据应用时代的到来，世界范围内各行业新服务器都将采用虚拟化技术，IT 服务商亦将全方位提供云计算资源共享服务模式。对于企业来说，日益增长的挑战是如何管理和保证虚拟环境的安全，因为随着机构采用虚拟化技术，传统的管理物理服务器冗余的局面正在转向管理虚拟机资源共享服务的挑战。各应用机构将需要可靠的、稳定的、安全的和可管理的虚拟化解决方案。

虚拟化正在用来解决范围日益广泛的商业目标和挑战，如服务器整合/保留、业务持续性、测试/开发优化、软件开发与发布以及桌面管理和安全。

绿色 IT 一直被列为头号的战略技术和发展趋势。据 IDC 称，虚拟化绿色的好处不仅是减少服务器占地面积，而且还包括减少碳排放量和耗电量。

IT 资源利用虚拟化在这方面将发挥重要作用。环保、节省电源以及减少硬件资源重复投入的诸多好处已经得到政府和广大用户的认同。

4.1.6.2 发展效益

面向服务的 SOA 体系架构并不是一种全新的解决方案；相反，SOA 是适应信息管理发展趋势需要的技术与架构的自然进化。系统架构一直在不断进步，与商业应用保持高度一致。系统设计师与用户很早就认识到将技术与商业流程相协调的重要性，包括充分应用并合理化技术资源，以及为商业提供更好的支持。

SOA 也在一定程度上源于企业架构理论。企业架构对技术进行评估，但是更重要的是，它关注整个企业和全部的商业流程并提供了做出技术决策的背景信息。SOA 工具则融合了互联网技术，如 HTTP 和 XML，以及综合技术，如消息总线、转译技术和连接技术。SOA 发展趋势和效益体现在以下几个方面。

(1) 平衡和协同最初的旧系统投资。组织过去所投资的系统、软硬件资源，如果能再利用等于赋予其新的价值，这也替组织降低了成本并增加了竞争力。

(2) 基础建设的便利性。让所有的应用协同能相互沟通(互通性)和共享。

(3) 快速地适应市场需求和环境。通过服务的重复使用(再利用)，来缩短过去的组织流程，更快速地提供服务来接近市场。

(4) 减少资金投入。服务的重复使用，可降低开发成本。因为开发新系统的成本，大部分比更新旧系统的花费大。

(5) 减低投资风险。开发新系统的风险远大于更新旧系统。

(6) 持续改善业务流程的循环。尽可能维持系统的生命周期。

(7) 中心流程处理原则。围绕核心业务处理流程延伸业务扩展。

4.2 矿业组合服务SOA架构设计

4.2.1 矿业组合服务技术支撑平台概述

随着经济建设和信息技术发展趋势，大型煤炭基地矿业服务模式要求基地企业内部、企业之间实现最大程度的资源共享和业务流程协同，以保证大型煤炭基地业务的高效运转。目前大型煤炭基地企业内部、企业之间存在着多种彼此孤立的应用系统，很难适应这一要求。根据企业现代化和信息化进程的推进，解决这个问题的主要途径是在大型煤炭基地建立一个基于面向服务架构的信息应用系统，它既可以包容现有的应用又能满足未来新的应用需求，实现基地企业内部、企业之间信息的高度集成和流程协同，让应用系统能更快更灵活地适应矿业服务业务需求，从而支持大型煤炭基地矿业服务模式的有效运转。基于SOA架构的集成应用研究内容主要包括：剖析组合业务服务涉及的财务、资产管理、业务系统之间的关系与整合需求，制定面向大型煤炭基地的服务架构(SOA)的应用设计与架构策略；通过基于SOA体系架构的中间件技术，开发以公共交换为目的的信息服务支撑平台，实现业务的松耦合集成；通过以组件式体系架构设计的应用适配器框架与工具系统，实现各类信息资源的快速高效整合与共享，提高信息资源利用率；开发监控框架平台，实现交易处理与信息流转过程中的监控与报警处理；基于组合服务理论开发大型煤炭基地综合计划协同编制技术与信息系统；充分利用云计算和物联网技术，开发建设面向大型煤炭基地的信息化支撑平台，为企业建设与发展服务。

4.2.2 矿业组合服务SOA架构设计

根据共享经济的矿业组合服务需求，为了支撑面向大型煤炭基地矿业组合服务模式的运作，需要分析与研究构建与之相适应的技术支撑平台。基于SOA技术构建的矿业组合服务平台总体架构如图4-3所示。系统主要由9个主要部分组成。第一部分是支撑面向服务的管控模式，主要包括矿业服务管理系统；第二部分实现集中的资源优化，主要包括关键人才组合优化、队伍组合优化、现金流管理、作业成本管理、矿产资源管理、设备管理以及备件管理；第三部分实现集中的作业优化，主要包括作业网络计划、综采组合优化、连采组合优化、搬家倒面(采掘工作面搬移)组合优化、矿井设计组合优化等;第四部分是支撑组合服务优化的资源、作业、服务组件库;第五部分是集成的供应链,主要包括全程物流服务和作业服务;第六部分是企业服务总线和流程平台,支撑企业内部之间、内部与外部之间实现基于 SOA 架构的业务集成;第七部分是支撑生产集中调度系统,主要包括区域智能调度系统;第八部分是构建系统过程中形成的相关标准体系,主要由若干技术标准与业务标准组成;第九部分是相关的信息安全体系。下面说明各部分需要完成的工作。

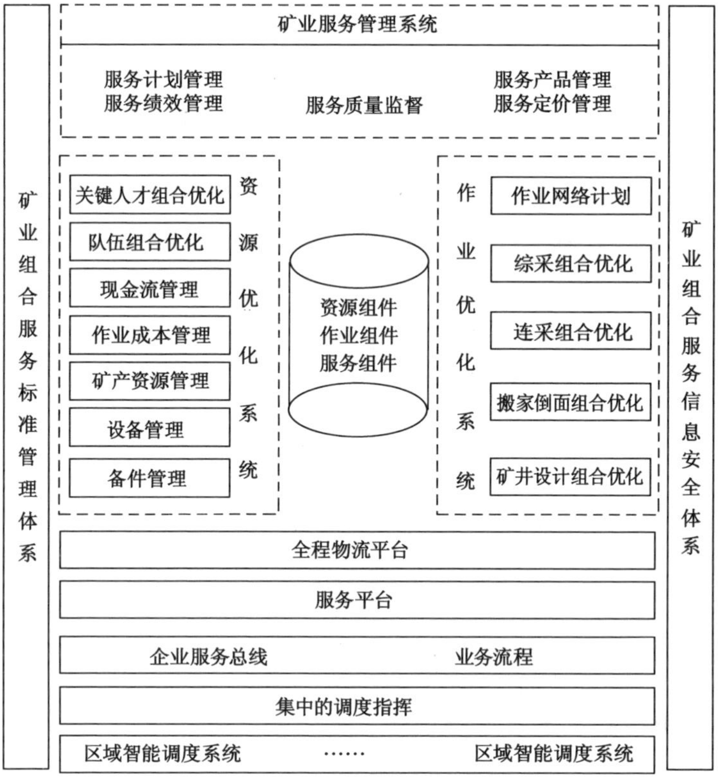

图 4-3　矿业组合服务系统总体架构

4.2.2.1　矿业服务管理系统

矿业服务管理系统以支撑服务管控为目标,结合企业的战略目标,将面向服务对象的服务流程细化,达到以下几点要求:全面覆盖系统各类服务对象、各业务、各部门;内外结合,服务管理和服务对象需求、服务对象感知结合;闭环管理;良性循环,持续提升,监督为管理服务,管理为提升增效,以绩效考核作为保障。矿业服务管理系统功能如图 4-4 所示。

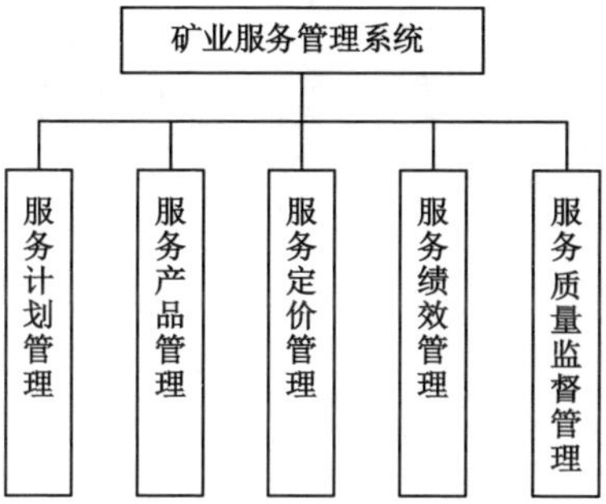

图 4-4　矿业服务管理系统功能框图

主要实现以下 5 个方面的功能:

(1) 服务计划管理。主要包括:服务计划的能力评估,服务计划的建立、审核、发布的全过程管理,服务计划的执行管理等。

(2) 服务产品管理。主要包括:服务产品分类管理,服务产品目录维护,服务标准维护,服务产品咨询,服务申请登记、审核、定价、评估、批准、反馈全过程管理,服务订单登记、审核、批准、反馈全过程管理等。

(3) 服务定价管理。主要包括:定价基础数据维护,各类服务定价模板维护,服务定价参数维护,服务定价计算等。

(4) 服务绩效管理。主要包括:服务绩效指标模板的维护,服务绩效指标的录入、统计、分析、对比,服务的奖惩管理等。

(5) 服务质量监督管理。主要包括:服务质量指标维护,服务质量监督、考评,服务满意度调查登记、统计分析,服务对象质量问题反馈登记、审核、发布、评估、处理、反馈过程管理等。

4.2.2.2　资源优化系统

人力资源优化管理是矿业组合服务实现的关键因素。该系统主要实现人力资源关键人才组合优化、队伍组合优化、现金流优化管理、作业成本优化管理、矿产资源优化管理、设备优化管理和备件管理等。资源优化系统功能如图 4-5 所示。

主要实现以下 7 个方面的功能:

(1) 关键人才组合优化。关键人才组合优化主要研究矿井关键人才资源的

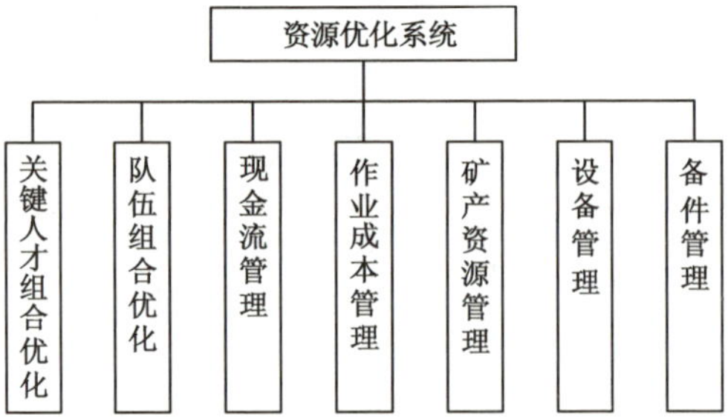

图 4-5　资源优化管理系统功能框图

优化利用问题。涉及关键人才及其属性的搜集、整理，建立关键人才库；对各类作业与服务需要的关键人才资源配置进行分析与整理，形成参数化的关键人才资源配置模板；关键人才资源“瓶颈”分析，及时发现“瓶颈”并给出建议，计划调整后进行组合评审；关键人才组合优化图形化平台的设计与开发。

系统按照计划的甘特图方式显示。在交互式模式下，系统自动计算资源“瓶颈”，并给出调整建议。系统可以查看资源配置、资源配置历史等。系统对于计划的创建、变更、审核、发布、批准等过程进行全面管理。系统支持配置方案，不同的方案供不同的研究目的使用。支持按项目过滤等功能。

(2) 队伍组合优化。队伍组合优化主要研究矿井生产队伍的优化利用问题。主要研究内容包括生产队伍及其属性的搜集、整理，建立生产队伍库；生产队伍资源“瓶颈”分析，及时发现“瓶颈”并给出建议，计划调整后进行组合评审；生产队伍组合优化图形化平台的设计与开发。

系统按照计划的甘特图方式显示。在交互式模式下，系统自动计算资源“瓶颈”，并给出调整建议。系统可以查看资源配置、资源配置历史等。系统对于计划的创建、变更、审核、发布、批准等过程进行全面管理。系统支持配置方案，不同的方案供不同的研究目的使用。支持按项目过滤等功能。

(3) 现金流管理。现金流量管理指将现金流量作为管理的重心，围绕企业经营活动、投资活动和筹资活动构筑的管理体系，对当前或未来一定时期内现金流动在数量和时间安排方面所作的全面预测与计划、执行与控制、信息传递与报告以及分析与评价活动。主要研究内容包括现金流量收入管理；现金流量支出管理；现金流收支计划/方案建立、审核、变更、批准全过程管理；现金流预测管理和自动计算现金流瓶颈，及时报警并给出应对措施和建议。

(4) 作业成本管理。作业成本管理实现对矿业作业成本的跟踪统计，为矿业绩效考核和矿业服务定价提供依据。主要实现内容涉及成本模型管理功能：主要包括根据需要建立任意多个成本维度，成本模型创建与修改，模型正确性验证，协助模型构建者对模型进行检查；成本分摊运算功能：主要包括公式运算体系，优化的成本分摊算法，并行运算技术提高分摊运算过程；数据整合与管理功能：实现成本相关数据(财务数据、统计数据及各种专业数据)的自动获取，为成本的分摊运算提供有效的数据来源和成本报表统计分析等。

(5) 矿产资源管理。矿产资源是生产组织和提供服务的基本要素，是系统的基础部分。项目将对矿业生产各环节涉及的各类矿产资源进行研究，抽象其共性，形成矿产资源全寿命周期管理平台。主要内容包括构造矿产资源管理模型，为不同资源类别提供统一的管理方法；根据矿产资源与作业、计划的关系，构造矿产资源的应用模型；对矿产资源分类研究，给出各类资源的层次划分标准，矿产资源包括矿区、矿井、煤层、盘区、工作面、巷道、原煤、分选生产的中间产品以及最后装车销售的商品煤；实现矿产资源定义功能，对于不同类别资源，提供不同的资源定义界面，各类资源包含基本属性与扩展属性，基本属性较为明确、稳定，扩展属性允许动态扩充，可定义虚拟资源，涵盖矿产资源生命周期全部变化过程，包括资源新增、资源及属性的变更、资源停用，同时保存资源生命周期历史记录；实现资源计划功能；实现资源层次定义功能和资源类别定义功能等。

(6) 设备管理。实现设备全周期管理和技术评价功能。主要包括设备前期管理，即设备选型、设备申请、设备采购、设备验收等；设备使用管理，即设备托管、设备资产台账、设备安装、设备回收、设备调拨、设备租赁、设备封存、闲置、设备过煤量跟踪、设备技术资料、设备日常维修、设备故障管理体系、设备标准作业体系、外委维修、设备大项修；设备后期处置管理；设备中、长期规划管理；设备评价管理，主要是设备技术经济评价。

(7) 备件管理。实现设备备件全周期管理和技术评价功能。主要包括备件基础管理，即货币、批号、仓库、供应商、备件、订单条款、合同模板等数据的定义；备件计划管理，即生产需求计划、大修需求计划、基建专项计划、利库计划；备件采购管理，即计划分派、计划分包、采购合同等；备件仓储管理，即备件入库/退货业务、出库/退库业务、移库管理、盘点、借件管理、到货登记、到货验收、寄售管理等。

4.2.2.3 作业优化系统

作业是煤炭企业生产活动的基本单元。煤炭企业的运作实际上是相关作业协调有序运转的结果。该系统涵盖作业网络计划编制、综采组合优化方案、连采掘进组合优化方案、搬家倒面组合优化方案和矿井设计组合优化方案等业务功能。作业优化系统如图 4-6 所示。

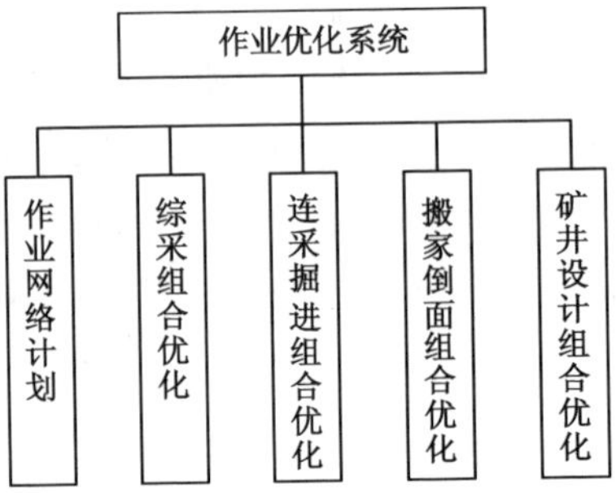

图 4-6　作业优化系统功能框图

主要实现以下 5 个方面的功能：

（1）作业网络计划。

作业网络计划包含了矿业企业的一组作业，反映了矿业企业的生产组织方式，是矿业企业年度、中长期计划的一套实现方案。作业网络计划安排得当，可以保证企业以较低的资源投入，高效完成企业的既定目标。研究和构造作业网络计划系统，是实现矿业企业统筹规划、组合优化的基础。主要研究内容包括基础研究、作业网络计划的协同研究和作业网络计划图形化编辑平台的研制。

① 基础研究工作涵盖对矿业企业的所有作业进行分类研究，划分出若干类作业群，对所有作业进行抽象，形成作业的共性模型，包括共同的属性、方法等，并通过继承等方法扩展各类作业的个性属性和行为，最后形成作业组件库，供作业网络计划系统使用。

② 作业网络计划的协同研究工作包括作业网络计划涉及矿业企业的各个业务部门，要形成一个完整的计划或方案，需要各部门之间密切地业务协作，因此必须研究作业网络计划的协同机制，并据此实现作业网络计划的全过程管理。作业网络计划的协同过程和环节如图 4-7 所示。

各矿计划人员根据正式计划或方案新建（变更）计划，变更完成后可以作为矿当前正在执行的计划，也可以提交给公司计划人员。公司计划人员审核各矿提报的计划后，如认为存在问题，可退回给各矿继续修改；如审核通过，公司计划员可以自动汇总各矿提报计划，统筹调整计划的安排，保证计划顺利执行。

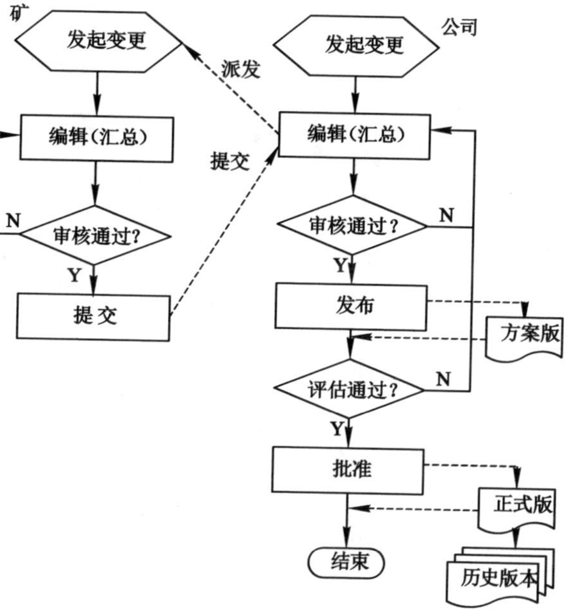

图 4-7　作业网络计划的协同

在此过程中，公司计划人员还可以根据需要将计划派发回各矿，各矿调整后再提交回来。汇总计划经过审核、平衡后，可以执行发布功能，以便其他部门及时利用，发布的计划经批准后成为全公司的正式计划。

③ 作业网络计划图形化编辑平台的研发。作业网络计划图形化编辑平台的功能如图 4-8 所示，根据矿业生产特点要求，系统将满足以下要求：第一，通过图形化交互式平台创建综采、旺采、掘进、剥离等作业，指定作业的开工时间等属性，创建作业之间的约束关系，系统自动检查约束，并及时报告和提醒。第二，系统可以设置资源相应区段的日进尺或产量速率，根据设置可以自动产生作业计划，最大限度保证计划的准确性和稳定性。第三，系统提供回填功能，相关人员把地测产量和进尺及时回填到计划中，系统会自动调整计划。第四，图形化工具提供过滤显示功能，支持分矿过滤、分井过滤、分煤层过滤、分队过滤、按作业类型过滤、按生产方式过滤等，便于计划人员从各个视角研究生产资源的配置情况。第五，图形化工具提供统计功能，支持月产量合计、月综采产量合计、月进尺合计、年总量/已完成量统计、年综采总量/已完成量统计、年总进尺/已完成进尺统计、已完成安撤次数统计、年计划完成情况统计等，计划人员可以

根据统计信息快速定位问题,制定解决问题的合理方案。

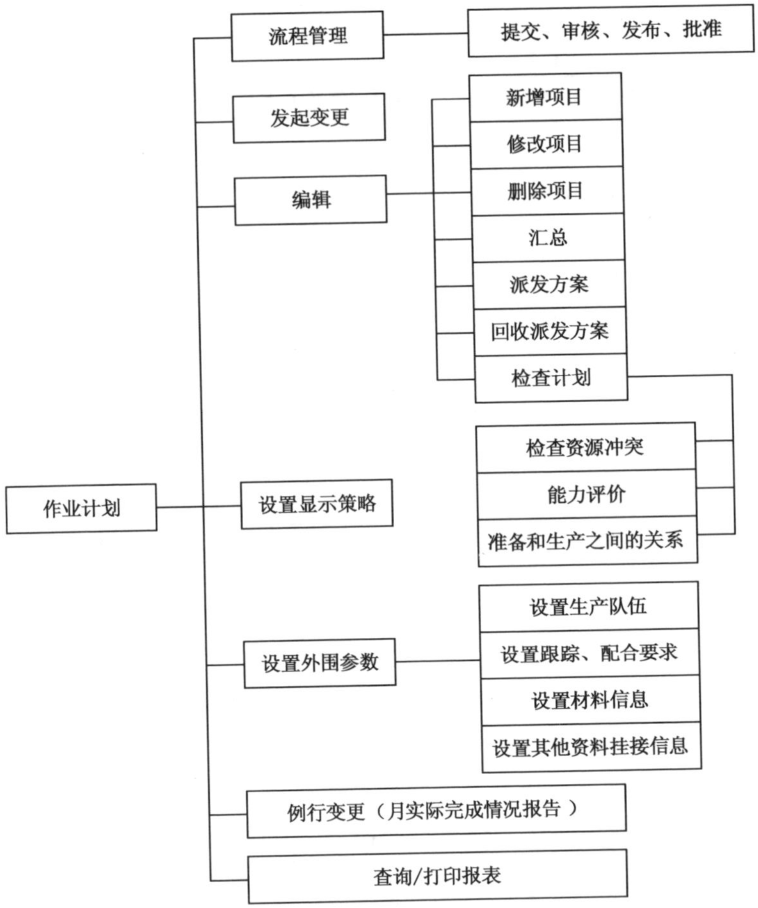

图 4-8　图形化交互式平台功能结构

(2) 综采组合优化。

综采设备是指综合机械化采煤工作面机电设备的总称。综采设备一般都是成套配置的,主要包括采煤机、刮板输送机和液压支架。为了实现综采工作面最大生产能力和安全生产,采煤机、刮板输送机和液压支架之间在性能参数、结构参数、工作面空间尺寸以及相互连接部分的形式、强度和尺寸等方面,必须互相匹配,保证适用,充分发挥设备效能,实现高产高效安全生产。

综采组合优化解决两个方面的问题:一是具体工作面的设备配套选型问题;二是接续工作面之间的设备调度问题,包括根据过煤量自动确定设备的大、项修安排，大项修完成后的再次利用，建议设备何时进入报废状态，以及新设备的选型和购买时间等。系统主要研究内容包括：

① 综采设备基础信息分析与整理，包括设备分类、主要技术参数、寿命用量及大修周期。

② 综采设备尺寸配套分析，包括综采设备相关几何尺寸以及设备间隙的计算公式。

③ 综采配套规则的整理与分析。配套规则用于在采面与设备、设备与设备之间做出选择、优化。通过这些规则的采用，保证自动生成的配套方案是可行和较优的。规则中一般需要考虑采高、大项修时间、寿命、大修过煤量、顶板压力、运输距离、底板情况、煤层硬度、工作面布置方式、功率、尺寸配套、采煤机链轮和刮板机销排配套情况、开关回路数、额定电流等因素。

④ 综采配套算法的研究与构建。利用约束理论、启发式等方法来实现综采配套算法。

⑤ 综采组合优化图形化平台的设计与开发。系统按照计划的甘特图方式显示设备配套计划。在交互式模式下，系统自动计算过煤量、尺寸配套数据、大项修次数以及规则结果，简化设备选择工作。系统共有两种设备选择方法：一是系统依据规则推荐设备，由计划人员根据经验选择；二是全部交给系统，由系统依据规则自动选择。系统可以查看工作面设备配置、设备配置历史、支架组合历史等。系统对于配套计划的创建、变更、审核、发布、批准等过程进行全面管理。系统支持配套方案，不同的方案供不同的研究目的使用。支持按项目过滤、按设备属性排序等功能。

(3) 连采掘进组合优化。

类似于综采设备，连采设备也存在配套选型和调度问题。连采组合优化主要研究连采设备配套选型和调度问题。系统的主要研究内容如下：

① 连采设备基础信息分析与整理，包括设备分类、主要技术参数、寿命及大修周期。

② 连采配套规则的整理与分析。配套规则用于在作业与设备、设备与设备之间做出选择、优化。通过这些规则的采用，保证自动生成的配套方案是可行和较优的。规则中一般需要考虑采高、大项修时间、寿命、大修过煤量、进尺、底板情况、煤层硬度、功率等因素。

③ 连采配套算法的研究与构建。利用约束理论、启发式等方法来实现连采

配套算法。

④ 连采组合优化图形化平台的设计与开发。系统按照计划的甘特图方式显示设备配套计划。在交互式模式下,系统自动计算过煤量、大项修次数以及规则结果,简化设备选择工作。系统共有两种设备选择方法:一是系统依据规则推荐设备,由计划人员根据经验选择;二是全部交给系统,由系统依据规则自动选择。系统可以查看设备配置、设备配置历史等。系统对于配套计划的创建、变更、审核、发布、批准等过程进行全面管理。系统支持配套方案,不同的方案供不同的研究目的使用。支持按项目过滤、按设备属性排序等功能。

(4) 搬家倒面组合优化。

搬家倒面组合优化主要研究采掘搬家倒面队伍的均衡利用以及垛式支架的配置与调度问题,保证搬家倒面作业按预定计划完成。主要研究内容如下:

① 采掘工序搬家倒面"瓶颈"分析,在采掘工作面搬移工序中发现"瓶颈"后,调整作业计划,直到搬家倒面作业不超过最大搬家倒面能力。

② 垛式支架基础信息分析与整理,包括设备分类、主要技术参数。

③ 垛式支架配套规则的整理与分析。配套规则用于在工作面与支架、支架与支架之间做出选择、优化。通过这些规则的采用,保证自动生成的方案是可行的和较优的。

④ 垛式支架配套算法的研究与构建。利用约束理论、启发式等方法来实现垛式支架配套算法。

⑤ 搬家倒面组合优化图形化平台的设计与开发。系统按照计划的甘特图方式显示搬家倒面、支架配置计划。在交互式模式下,系统自动计算过煤量、大项修次数以及规则结果,简化设备选择工作。系统共有两种设备选择方法:一是系统依据规则推荐设备,由计划人员根据经验选择;二是全部交给系统,由系统依据规则自动选择。系统可以查看设备配置、设备配置历史等。系统对于配置计划的创建、变更、审核、发布、批准等过程进行全面管理。系统支持配置方案,不同的方案供不同的研究目的使用。支持按项目过滤、按设备属性排序等功能。

(5) 矿井设计组合优化。

矿井设计组合优化主要研究矿井设计资源的优化利用问题。主要研究内容如下:

① 矿井设计资源标准配置分析与整理,形成参数化的矿井设计资源标准配

置模板。

② 矿井设计资源“瓶颈”分析，及时发现“瓶颈”并给出建议，计划调整后进行组合评审。

③ 矿井设计组合优化图形化平台的设计与开发。系统按照计划的甘特图方式显示矿井设计作业。在交互式模式下，系统自动计算资源“瓶颈”，并给出调整建议。系统可以查看资源配置、资源配置历史等。系统对于计划的创建、变更、审核、发布、批准等过程进行全面管理。系统支持配置方案，不同的方案供不同的研究目的使用。支持按项目过滤等功能。

4.2.2.4 组件库

矿业组合服务可提供的服务是多样的，不同业务组件可以组合成不同的专业化服务形式，而这些服务形式即矿业组合服务模式。在界定矿业组合服务模式和业务组件概念及内涵的基础上，提出业务组件划分原则，据此划分业务组件，形成业务组件库，并配置业务组件资源，形成业务组件资源库，进而构建矿业组合服务模式库。

业务组件是按照一定的原则将煤矿开发全过程业务链和价值链分解成可独立提供服务且可灵活组合的最小业务单元。其内涵如下：

(1) 业务组件是功能独立的最小业务单元。

业务组件的功能可独立，它并非某道工序，而是完成某项功能的一组工序或活动的集合，是构成矿业组合服务模式的基本单位。各组件可以独立运行、独立核算，各组件内部各个工序的凝聚力强，且工序顺序基本稳定。矿业组合服务中，业务组件可以独立作为一种专业化服务提供给矿权拥有者，因此，它具有功能上的完备性，是矿业组合服务中可独立提供专业化服务的最小单元。

(2) 每个业务组件都带有合理的资源。

业务组件是带有人力、设备、物资等资源的，例如搬家倒面业务组件带有安装队、服务队、车队三个队伍，有相应的设备和物资，业务组件就是汇集资源耗用的第一对象。业务组件可以形成业务组件库，业务组件进行资源合理配置后可以形成资源库，业务组件库就是矿业组合服务模式优化选择、成本核算等的依据，资源库是多矿井资源调度和配置的依据。

(3) 各业务组件可以单独或通过组合，形成不同的矿业组合服务模式。

业务组件主要指煤矿开发过程中的设计、建设、采煤掘进、机电、运输、通风、供排水、搬家倒面、分选、加工、运销、调度等，此外还包括设备租赁/托管、设备大修、矿井建设咨询、矿井生产技术咨询等。各业务组件可以单独或组合形成矿业组合服务模式，如图 4-9 所示。例如，“采煤＋掘进”可以形成矿井生产承包的组合服务模式，“采煤＋掘进＋辅助生产＋管理”可以形成矿井生产运营总承包的组合服务模式。

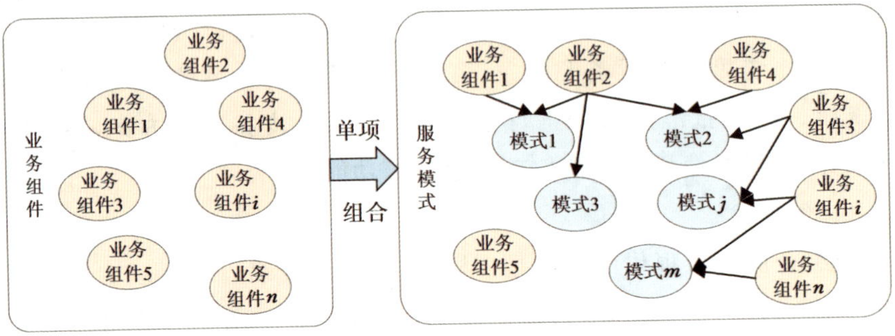

图 4-9　业务组件和服务模式

4.2.2.5　集成的供应链系统

集成的供应链系统主要由全程供应链物流平台和矿业服务平台构成。集成的供应链系统功能如图 4-10 所示。

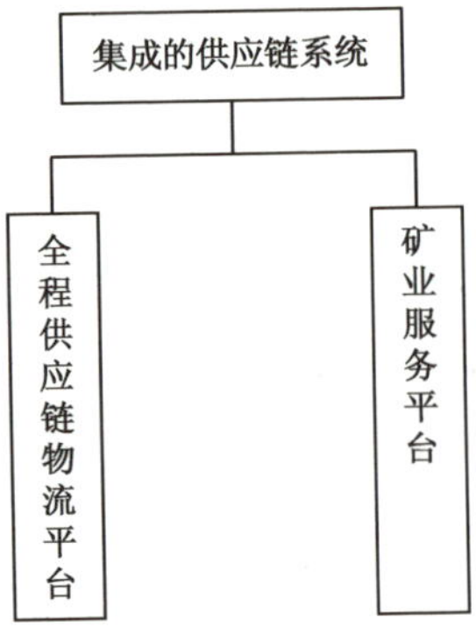

图 4-10　集成的供应链系统功能框图

主要实现以下两个方面的功能：

(1) 全程供应链物流平台。

现代煤炭生产所使用的大型煤炭装备具备技术先进、价值高的特点，其生产、大项修过程中消耗大量备件，部分关键备件的采购周期较长，消耗具有不确定性，中、小型煤炭生产商分散储备难度较大，集中储备优势明显；另一方面，建立物流平台也是大型煤炭企业整合资源，发挥优势，面向内部和煤炭基地服务的一项重要内容。全程供应链物流服务平台的主要研究内容包括：利用大型煤炭企业的地位，与主要供应商建立面向基地的优质供应链渠道；通过对设备备件消耗数据的挖掘和分析，掌握煤炭主要设备备件消耗规律，以此为基础，建立煤炭物资动态优化库存模型；利用信息化手段，对配送过程进行全程监控和优化调度管理；运用商业智能手段对过程数据进行全面管理和价值挖掘，动态优化配送体系结构；提供信息增值服务，进一步扩大服务范围、提高服务水平；建成面向大型煤炭基地的全程供应链物流平台。

(2) 矿业服务平台。

系统主要实现的功能包括：

① 服务需求管理。主要包括服务会员的登记与变更管理，服务需求分类管理，服务需求登记、审核、发布、评议、评估、处理、反馈、结案全过程管理，服务需求统计分析等。

② 服务交付管理。主要包括服务启动管理，服务团队组建过程管理，服务资源分配过程管理，服务日完成情况、服务月完成情况盘点，服务突发问题提报、审核、评估、处理过程管理，服务执行情况监控，服务验收管理，服务结束管理等。

③ 统一对外服务平台。将面向服务对象的功能统一抽取、集成，发布到互联网上，使服务对象可以随时与企业沟通。

4.2.2.6 大型煤炭基地区域集中智能调度系统

随着大型煤炭基地生产集中度的提高，区域煤炭生产环节的关联越来越多，如何来协调、优化区域煤炭生产过程成为一个急需研究的问题。系统研究涉及自动化、实时数据、集成显示等技术，主要内容包括：研究区域内所有矿井的自动化生产设备的集中控制模式和技术，建设区域生产集中控制系统；研究井下综采数据、地理信息数据、安全监测监控数据、车辆与人员定位数据统一上传、集中存储和综合利用的方式与技术，开发煤炭生产数据智能分析和调度决策支持平台；研究煤矿生产管理与自动控制多系统的统一显示技术，开发集成显示平台；研究多个煤矿资源共享与生产协同模式，开发多矿协同调度指挥系统。

4.2.2.7 企业服务总线和流程平台

企业服务总线 ESB(Enterprise Service Bus)，指的是传统中间件技术与

XML、Web服务等技术结合的产物，通过已经发布的和可以发现的接口为终端用户应用程序或其他服务提供服务，支撑企业内部之间、内部与外部之间实现基于SOA架构的业务集成。ESB提供了网络中最基本的连接中枢，是构筑企业神经系统的必要元素。流程平台负责提供和实现企业各种业务组件的流程组合与优化。

SOA把IT架构分为组件层、Web服务层和业务流程层等。组件层包括各种应用组件，它们通常是技术相关的具体实现，各种具体的分布式组件技术(CORBA、COM/DCOM、J2EE)都可以用于实现组件层的应用组件。Web服务层则为组件层提供了一种技术无关的通用访问方式，它使用标准的基于XML的服务描述语言(Web Service Description Language，WSDL)来定义和封装离散的业务功能，各种支持Web服务的分布式组件技术能够将其上的业务组件发布成Web服务并产生相应的WSDL文档，并且只需要依据WSDL描述的信息就能够调用Web服务，即WSDL所描述的业务功能。组件层中的业务组件和Web服务层的Web服务构成了企业IT架构的主要可重用部件，它们应该保持相对的稳定。业务流程层则处于Web服务层之上，通过对Web服务的流程编排来实现业务流程。业务流程层通过Web服务层能够调用到基于各种分布式组件技术实现的业务组件，实现了复杂IT系统环境的应用集成。

4.2.2.8 矿业组合服务相关标准与规范

矿业组合服务技术支撑平台构建过程中，需要相关的企业标准规范制约与支持。基本标准与规范包括两部分内容：一部分是技术标准，主要是技术支撑平台标准与信息交换标准，支持各种信息交互操作和信息流程，实现协同服务的高效率和高质量，是保证全面服务管理体系执行的重要技术手段；另一部分是业务标准，主要是服务产品标准及服务管理标准。

(1) 企业业务标准与规范有《综采作业服务标准与规范》《连采作业服务标准与规范》《搬家倒面服务标准与规范》《矿井设计服务标准与规范》《设备托管服务标准与规范》《设备租赁服务标准与规范》《设备大项修服务标准与规范》《物流服务标准与规范》《矿业物资编码标准与规范》《矿业设备编码标准与规范》《矿业地质资源编码标准与规范》《矿业设备技术参数标准与规范》《矿业地质资源属性参数标准与规范》《矿业服务验收标准与规范》《矿业服务质量指标标准与规范》等。

(2) 企业技术标准与规范有《矿业组合服务系统开发规范》《矿业服务信息

交换接口标准》《资源作业服务组件规范与标准》《矿业组合服务系统运维规范》等。

4.2.2.9 矿业组合服务信息安全体系

为了保证系统安全可靠运行，需要构建系统信息安全体系。该体系将按照物理级、网络级、系统级、应用级四个层次来进行建设，具体内容包括：网络硬件安全，数据库安全，数据加密，用户控制，备份与恢复，日志系统和安全管理机制的建立等。

第5章　矿业组合服务平台的安全管理

5.1　信息系统的不安全因素及风险

信息系统安全威胁是指对于信息系统的组成要素及其功能造成某种损害的潜在可能。

5.1.1　按照威胁的来源分类

按照威胁的来源可以将信息系统的威胁分为以下3种。

(1) 自然灾害威胁。

自然灾害是不以人的意志为转移的一些自然事件,如地震、台风、雷击、洪涝、火灾等。这些灾害虽然不能阻止其发生,但可以通过技术或管理手段避免或降低灾害带来的损失。

(2) 意外人为威胁。

意外人为威胁主要由系统内部人员(设计人员、操作人员、管理人员等)的操作不当或失误引起。这种威胁的发生是偶然的,但却是时有发生的,并且存在于信息系统开发和运行的整个生命周期中。安全专家经过长期调查得出一个结论:无论是私人机构还是公共机构,大约65%的损失是由于无意的错误或疏忽所造成。

(3) 有意人为威胁。

有意人为威胁主要来自两种情况:一是好奇心人为威胁,一是敌意性人为威胁。前者一般由一些好奇心强者实施,后者往往是由竞争对手、泄愤者、间谍等实施。

5.1.2　按照作用对象分类

按照所作用的对象,信息系统威胁分为以下几种。

(1) 针对信息的威胁。

基于信息(资源)的威胁是指偶然地或故意地造成信息系统中信息在如下几个方面的损失:

① 机密性:数据在传输或存储时有被非法截取的可能,就会形成机密性威胁。例如被监听、被分析等。提高信息机密性的方法有数据加密、进行访问控制以及对访问者进行身份验证等,以保证数据不被非授权者知晓。

② 完整性:完整性威胁是指数据在传输或存储过程中被篡改、被丢失、被破坏的可能。为了保护数据完整性,可以进行数据的完整性校验以及认证等,可以发现数据是否被篡改,进而可以进行数据的恢复。

③ 可用性:指保障合法用户正常使用信息的能力。例如,拒绝访问的攻击,就导致了合法用户正常访问信息资源的能力丧失。

④ 真实性:真实性主要是指接收方所具有的辨认假冒和抗拒否认的能力。

因此,针对信息(资源)的威胁可以归结为以下3类:

① 信息破坏:非法取得信息的使用权,删除、修改、插入、恶意添加或重发某些数据,以影响正常用户对信息的正常使用。

② 信息泄密:故意或偶然地非法侦收、截获、分析某些信息系统中的信息,造成系统数据泄密。

③ 假冒或否认:假冒某一可信任方进行通信或者对发送的数据事后予以否认。

(2) 针对系统的威胁。

针对系统的威胁包括对系统硬件的威胁、对系统软件的威胁和对于系统使用者的威胁。

① 对于通信线路、计算机网络以及主机、光盘、磁盘等的盗窃和破坏都是对于系统硬件(实体)的威胁。

② 病毒等恶意程序是对系统软件的威胁,流氓软件等是对于系统访问者的威胁。

③ 通过旁路控制,躲过系统的认证或访问控制进行未授权的访问等。

通过对系统的威胁可以使系统运行不正常或瘫痪,丧失可用性。

5.1.3 按照方法的分类

对于信息系统的威胁有许多方法或手段。下面是几种主要的威胁方法。

(1) 信息泄露。

信息泄露是指系统的敏感数据有意或无意地被未授权者知晓。信息泄露的主要途径有：

① 在传输中利用电磁辐射或搭接线路的方式窃取。

② 授权者向未授权者泄露，例如一个公司职员用文件名传输公司的秘密文件的同时，对文件名编码，使公司的正常秘密文件传输信道被乱用为隐蔽的泄密信道。

③ 存储设备被盗窃或盗用。

④ 未授权者利用特定的工具捕获网络中的数据流量、流向、通行频带、数据长度等数据并进行分析，从中获取敏感信息。

(2) 扫描。

扫描是利用特定的软件工具向目标发送特制的数据包，对响应进行分析，以了解目标网络或主机的特征。

(3) 入侵。

入侵即非授权访问，是指没有经过授权(同意)就获得系统的访问权限或特权，对系统进行非正常访问，或擅自扩大访问权限越权访问系统信息。

(4) 拒绝服务。

指系统可用性因服务中断而遭到破坏。拒绝服务攻击常常通过用户进程消耗过多的系统资源造成系统阻塞或瘫痪。

(5) 抵赖(否认)。

通信一方由于某种原因而实施的下列行为都称为抵赖：

① 发方事后否认自己曾经发送过某些消息。

② 收方事后否认自己曾经收到过某些消息。

③ 发方事后否认自己曾经发送过某些消息的内容。

④ 收方事后否认自己曾经收到过某些消息的内容。

(6) 滥用。

滥用泛指一切对信息系统产生不良影响的活动。主要内容如下。

① 传播恶意代码：恶意代码是一些对于系统有副作用的代码。它们或者独立存在(如蠕虫)或者依附于其他程序(如病毒、特洛伊木马、逻辑炸弹等)。进行大量复制消耗系统资源或进行删除、修改等破坏性操作，或执行窃取敏感数据的任务。

② 复制/重放：攻击者为了达到混淆视听、扰乱系统的目的，常常先记录系

统中的合法信息，然后在适当的时候复制重放，使系统难辨真伪。例如，C 实体截获了 B 实体发往 A 实体的订单，然后重复地向 A 发送复制的订单，使得 A 的工作出现混乱。

③ 发布或传播不良信息，如发布垃圾邮件，传播包括色情、暴力、毒品、邪教、赌博等内容的信息。

5.2 信息系统安全概念的发展

信息系统安全也常称为“信息安全”或“网络安全”。名词的不同，反映了认识的出发点的不同。例如“信息安全”强调内容的安全，包括了知识产权与数据两个方面的安全。“网络安全”强调保护信息网络基础设施，而不是强调人们或企业在处理信息中如何发挥作用。“信息系统安全”不仅强调了内容的概念，而且强调了设施的安全，具有比较广泛的含义。不过，目前人们在许多场合下也将它们混用，并且还没有一个权威、公认的解释和标准的定义。因为信息系统安全的概念随着信息系统的发展，随着信息系统在社会生活中地位的变化，随着人们对信息系统安全的重视和理解而不断深化。了解人们对于信息系统安全概念的认识过程，对于每个学习或从事信息系统安全的人是很有必要的。

一般来说，多数人倾向于把迄今为止对信息系统安全概念分为如下 3 个层次：通信保密、信息防护和信息保障。

5.2.1 基于通信保密的信息系统安全

信息保密的基本技术是加密，目的是控制信息共享的范围。密码技术最早因战争中的情报传递而诞生，并在军事和市场竞争及外交活动的推动下，在加密与解密之间的相互博弈中不断发展。

(1) 早期的信息保密。

早在公元前 5 世纪，古希腊斯巴达就有使用密码器的记录。公元前 1 世纪，恺撒大帝使用单字母替代密码。这种密码体制也曾用于历次战争中，包括美国独立战争、美国内战和两次世界大战。

公元 9 世纪的阿拉伯密码学家阿尔·金迪(807—873 年)、公元 16 世纪中期意大利的数学家卡尔达诺(1501—1576 年)使用的密码漏格板(覆盖在密文上，可从漏格中读出明文)等都对密码技术的发展做出了贡献。

一直到计算机出现之前，密码学一直是通信领域研究的课题。20 世纪 40 年代开始出现了“通信安全”“电子安全”的术语。到了 20 世纪 50 年代，欧美国家将“通信安全”“电子安全”合称为“信号安全”。这一时期的代表性研究成果是信息论之父香农于 1949 年发表的《保密系统的通信理论》。它标志着密码学从此走上科学和理性之路。

（2）计算机时代的信息保密。

计算机的出现及其发展大大提高了运算的能力，把密码学的研究又推向一个新的阶段，呈现一次革命，密码学开始出现了对称密钥体系和不对称密钥体系。其代表性研究成果是 1976 年 W. Diffie 和 M. E. Hellman 发表的《密码学的新方向》，以及 1977 年美国公布实施的《数据加密标准（DES）》。密码学的应用走上规范和广泛应用的道路。

但是，密码学的研究并没有终止。尤其是随着量子计算技术研究的深入，过去在理论上被认为坚不可摧的一些密码体系也变得脆弱了，人们开始走上新时代密码学研究的征途。

5.2.2 基于信息系统防护的信息系统安全

信息安全是在机密性的基础上，把信息安全的内涵扩充为完整性、可用性、真实性和可控性。它是一种被动的防御思想，所以也称为信息（系统）防护，具体目标是：

① 系统保护：对设施或技术系统可靠性、完整性和可用性的保护。

② 信息内容保护：保护系统中数据的机密性、完整性和可用性。

（1）计算机安全阶段。

在计算机安全阶段，除了数据传输和数据存储中的加密问题之外，还有两个问题被提了出来：一是计算机本身的安全问题，一是数据的完整性保护问题。对于计算机本身安全的关注，最早见于 1969 年兰德公司给美国国防部的报告。报告中指出：计算机太脆弱了，有安全问题。这中间不仅包括了计算机系统的硬件，还包括了计算机系统的软件，所遭受的威胁不仅有滥用、自然灾害，还有病毒。对于数据的完整性的考虑，是由于数据库的出现而提出的。数据库优于文件系统之处在于其采用了三级模式（概念、逻辑、物理）结构，实现了两极独立性，更便于多用户共享。而共享性又必须要解决其相伴随的完整性问题。

（2）计算机网络安全阶段。

在计算机网络安全阶段，“网络就是计算机”的概念被普遍接受，信息系统的内涵也就扩展到了计算机网络，同时也使信息系统出现了计算机网络所带来的脆弱性安全问题。

由于20世纪90年代因特网的发展，网络成了计算机应用的重要形式。计算机网络面临的威胁从程度上、范围上都大大超过了单机时代，例如恶意代码、各种非法侵入、不良信息的传播。于是，“网络安全”一词开始被广泛采用，它强调在整个信息系统中，计算机网络是保护的关键部位，保护了计算机网络的安全，信息系统的主要安全问题就可以解决。

这个时期的标志是“9·11”事件发生后，美国发布的《信息时代的关键基础设施保护》和《网络安全国家战略》。

5.2.3 基于信息保障的信息系统安全

基于信息保障的信息系统安全概念，经历了从被动防御到主动防御、从静态防御到动态防御、技术与管理从分离到融合的几个过程。

(1) 从被动防御到主动防御。

到了20世纪90年代，随着各国信息基础设施建设的加速，世界信息化的步伐大大加快，Internet的应用很快走向普及，用户数量急剧膨胀。这时人们却发现，尽管几十年来在信息安全方面的科研投入逐步加大，技术水平提高很快，安全产品、安全设施层出不穷，但安全事件每年却成指数级增长。分析这种现象，人们开始认识到：传统的信息安全技术都集中在系统自身的加固与保护上，例如数据传输和存储中的加密技术、集中的身份认证产品在网络的出口配置防火墙等。然而这样的被动防御往往只有事倍功半的效果。由于构筑防御设施时，不了解安全威胁的严重程度和当前的安全现状，往往投资盲目又抓不住安全的关键。因此，理想的系统安全需要一种检测机制，以便动态地发现危机。此外还需要响应机制，以便发现问题后快速进行处理和恢复。

(2) 从静态防御到动态防御。

人们的研究还发现，信息系统本身充满了动态性。

① 信息系统的需求是动态的。

② 安全漏洞具有动态性：网络设备和应用系统在设计开发过程中必然存在某些缺陷和漏洞，新的系统部件也会引入新的问题。

③ 系统建设是动态的，新应用、新产品不断出现，设备、应用系统和操作系

统平台的不断升级和复杂化。

④ 网络拓扑是动态的：在网络的运行中，用户和拓扑是动态变化的。

⑤ 网络上的各种威胁也是动态的。

这些动态的因素要求网络的防御也必须是动态的。信息系统的安全防护除了应当采取加密、访问控制和隔离（如防火墙）外，还应当动态地检测和监控网络，利用检测工具（如漏洞评估、入侵检测等）了解和评价系统的安全状态，发现新的威胁和弱点，并通过循环反馈及时做出有效的响应，将系统调整到“最安全”和“风险最低”的状态。

（3）技术与管理从分离到融合。

信息保障强调信息系统整个生命周期的防御和恢复，同时安全问题的出现和解决方案也超越了纯技术范畴。为了确保信息系统的可用性、完整性、保密性、可控性、不可否认性等特性，单靠技术是难以奏效的。所以，信息安全保障要依赖于人、技术、管理三者共同完成，通过提高系统的预警能力、保护能力、检测能力、反应能力和恢复能力，在信息和系统生命周期全过程的各个状态下提供适当的安全功能。其中，管理的作用是非常突出的。

5.3 信息系统的安全管理技术

5.3.1 通信保密

5.3.1.1 数据保密

数据保密就是隐蔽数据，是迄今为止最重要的信息保护手段，其方法有以下两种：

（1）数据加密，即隐蔽数据的可读性。将可读的数据转换为不可读数据，即将明文转换为密文，使非法者不能直接了解数据的内容。加密的逆过程称为解密。

用到的技术包括：替代密码、换位密码、简单异或、分组密码、对称密码体制和非对称密码体制、密钥的安全与公开密码体制。

（2）数据隐藏，即隐藏数据的存在性。将数据隐藏在一个容量更大的数据载体之中，形成隐秘载体，使非法者难以察觉其中隐藏有某些数据，或者难以从中提取被隐藏数据。

数据隐藏是一门新兴的综合性前沿科学，涉及人类生理学、计算机图形学、密码学、信号处理等多个学科的知识，已成为国际学术界的研究重点。数据隐藏主要研究如何将某一机密信息秘密隐藏于另一公开的信息中，然后通过公开的信息来传递机密信息。数据隐藏技术可分为基于文本的数据隐藏技术、基于图像的数据隐藏技术、基于音频的数据隐藏技术。

数据隐藏技术在信息系统中的应用主要集中在隐秘通信和数字水印。具体应用如版权保护、违反者追踪、防止非法复制、图像认证、电子商务中的网页保护和票据防伪。

5.3.1.2 认证技术

对企业来说，信息是一种稀缺资源，因此信息安全问题是信息系统安全的核心。通常，信息安全问题涉及以下几个方面：

(1) 机密性保护，即防止敏感数据或信息被泄露，包括防止信息被不该知晓的人知晓，以及防止通过发现通信方式，分析通信特征，收集或获取通信内容。

(2) 完整性保护，即防止对数据的篡改。这里的篡改包括对内容、序列和时间篡改。数据的完整性包括 3 个方面：内容完整性、序列完整性和时间完整性。其中，序列完整性和时间完整性保护都比较简单，而内容完整性比较复杂。

(3) 抗抵赖性保护，即防止接收方否认收到报文或者发送方否认已经发送过报文。

(4) 真实性保护，即防止伪装或假冒别人身份发送数据。

机密性保护属于数据加密的范畴，其他三个方面都有赖于认证技术的使用。

认证技术也是建立在现代密码学的基础之上。从认证的对象看，可以分为报文认证和身份认证。报文鉴别(主要用于完整性保护)和数字签名(主要用于抗抵赖性保护)，身份认证主要用于真实性保护。

报文鉴别是确定一个报文可靠性的过程，可以验证报文有没有被篡改，但不能用于鉴别通信中的一方对另一方有没有抵赖或否认行为。当通信双方尚未建立起信任关系且存在冲突的情况下，单纯的报文鉴别有些脆弱，从而不得不采用数字签名。

而用于真实性保护的身份凭证包括：口令、代表身份的生物特征信息认证、智能卡和电子钥匙认证、证书认证等。

5.3.1.3 访问控制

信息系统中的一切活动都是由访问动作引起的。一个信息系统当然不允许非法用户访问，即使合法用户也只能访问相应权限范围内的资源，或者对系统的某一授权资源进行访问操作。访问控制就是基于这种考虑的安全机制。访问控制分为系统访问控制和网络访问控制。

系统访问控制是从系统资源安全保护的角度对要进行的访问进行授权控制。它从访问的角度将系统对象分为主体和客体两类。主体也称为访问发起者，主要指用户、用户组、进程以及服务等；客体也称资源，主要指文件、目录、机器等。授权就是赋予主体一定的权限（修改、查看等），赋予客体一定的访问属性（如读、写、添加、执行、发起连接等），同时在主体与客体之间建立一套安全访问规则，通过对客体的读出、写入、修改、删除、运行等管理，确保主体对客体的访问是经过授权的，同时要拒绝非授权的访问。

网络访问控制用于限制外部对网络服务的访问以及系统内部用户对外部的访问，它的主要技术是隔离，分为逻辑隔离和物理隔离。

5.3.2 信息防护技术

面对日益猖獗的对信息系统的入侵和攻击，人们开发出从单项诊治发展到静态应对这类威胁的技术有以下几种：防火墙技术、信息系统安全审计、数据容灾和备份等。

5.3.2.1 防火墙技术

在计算机网络中，防火墙是一个分离器、一个限制器、一个分析器，也是一个中心"遏制点"，是设置在可信任的内部网络与不可信任的外界之间的一道屏障。它可以屏蔽非法请求，一定程度地防止跨权限访问并产生安全报警，有效地监控了内部网和 Internet 之间的任何活动。

5.3.2.2 信息系统安全审计和报警

安全审计是信息系统安全中一项极为重要的安全服务措施。它有如下功能：

(1) 记录与系统安全活动有关的全部或部分信息。

(2) 对所有记录的信息进行分析、评价、审查，发现系统的安全隐患。

(3) 对潜在的攻击者进行威慑或警告。

(4) 出现安全事故后，追查造成安全事故的原因并落实对安全事故负责的实体或机构，为信息系统的安全策略的调整和修改提供建议。

安全审计和报警不可分割。安全审计由各级安全管理机构实施并管理，并只在定义的安全策略范围内提供。它允许对安全策略的充分性进行评价，帮助检测安全违规，对潜在的攻击者产生威慑。但是安全审计不直接阻止安全违规。安全报警一般在安全相关事件达到预定义阈值时发出。

5.3.2.3 数据容错、容灾和备份

为了保证系统的可靠性，经过长期的摸索，人们总结出三种方法，即避错、纠错和容错。错误没有办法100%避免，纠错作为避错的补充，在系统出现故障时候起作用。而容错是第三种方法，容错的基本思想是：灾害对系统的危害要比错误大且严重，即使出现错误，系统也能执行一组规定的程序；或者说，程序不会因为系统中的故障而中断或被修改，并且故障也不引起执行结果的差错。

容灾是针对灾害而言的。从保护数据的安全性出发，数据备份是数据容错、数据容灾以及数据恢复的重要保证。

5.3.3 信息保障层面

5.3.3.1 信息系统安全风险评估

系统的安全强度可以通过风险大小衡量。科学地分析信息系统的风险，综合平衡风险和代价的过程就是信息系统安全风险评估。信息化的工程实践经验表明：

(1) 不计代价、片面地追求系统安全是不切实际的。

(2) 不考虑风险存在的信息系统是危险的，是要付出代价、甚至是灾难性代价的。

(3) 所有的信息系统建设的生命周期都应当从安全风险评估开始。

通过信息系统安全风险评估，组织可以达到如下目的：

(1) 了解组织信息系统的管理和安全现状。

(2) 确定资产威胁源的分布，如入侵者、内部人员、自然灾害等；确定其实施的可能性。

分析威胁发生后，资产的价值损失、敏感性和严重性，确定相应级别；确定最敏感、最重要资产在威胁发生后的损失。

(3) 了解系统的脆弱性分布。

(4) 明晰组织的安全需求，指导建立安全管理框架，合理规划安全建设计划。

5.3.3.2 信息系统安全风险评估时机

信息系统安全风险评估是信息系统每个生命周期的起点和动因。具体地

说,应当在下面的一些时机进行:

(1) 要设计规划或升级到新的信息系统时。

(2) 给目前的信息系统增加新的应用或新的扩充(包括进行互联)时。

(3) 发生一次安全事件后。

(4) 组织具有结构性变动时。

(5) 按照规定或某些特殊要求对信息系统的安全进行评估时。

5.3.3.3 信息系统安全风险评估参考标准

下面列举了进行信息系统安全风险评估时可以参照的标准:

· ASNZS 4306:1999(风险管理指南):澳大利亚和新西兰关于风险管理的标准。

· NIST SP 800—30:美国国家标准和技术学会(NIST)开发的信息系统风险管理指南。

· NIST SP 800—26:美国国家标准和技术学会(NIST)开发的信息系统安全自我评估指南。

· ISO 17799:英国标准协会(BSI)开发,后成为信息安全管理体系的国际标准。

· BS 7799—2:BSI 开发的信息安全管理标准。

· OCTAVE:美国卡内基·梅隆大学软件工程学院开发的一种风险评估方法。

· BS 15000(ITIL):信息系统服务管理。

· IS(13335):信息技术安全管理指南。

· GB T 31509—2015:信息安全技术、信息安全风险评估实施指南。

· GB/T 18336:信息技术、安全技术、信息技术安全性评估准则。

· GB 17859—1999:计算机信息系统安全保护等级划分准则。

5.3.3.4 信息系统安全风险评估准则

在信息系统安全风险评估中,应当遵循如下一些原则。

(1) 规范性原则,具有 3 层含义:

① 评估方案和实施,要根据有关标准进行。

② 选择的评估部门需要被国家认可,并具有一定等级的资质。

③ 评估过程和文档要规范。

(2) 整体性原则,评估要从业务的整体需求出发,不能局限于某些局部。

(3) 最小影响原则，包含如下含义：

① 评估要有充分的计划性，不对系统运行产生显著影响。

② 所使用的评估工具要经过多次使用考验，具有很好的可控性。

(4) 保密性原则，包含如下方面：

① 对评估数据严格保密。

② 不得泄露参评人员资料。

③ 不得使用评估数据对被评方造成利益损失。

5.3.3.5 信息系统安全风险评估模式

安全评估模式是进行安全风险评估时应当遵循的操作过程和方式。每个组织应当根据自己的信息系统的环境选择适当的评估模式。下面是几种常用的风险评估模式。

(1) 基线评估。

安全基线评估就是按照标准或惯例进行评估。例如按照下列标准规范或者惯例：

· 国际标准和国家标准，如 BS7799－1、GB/T 18336－2001 等。

· 行业标准或推荐，如德国联邦安全局 IT 基线保护手册等。

· 其他类似商业目标和规模组织惯例。

采用基线安全风险评估，组织应当根据行业性质、业务环境等实际情况，用安全极限的规定对自己的信息系统的安全措施进行检查，找出差距，得到基本的安全需求。

安全基线规定适合于特定环境下的所有系统。采用基线安全风险评估，可以满足基本的安全需求，使系统达到一定强度的安全防护水平。这种评估模式需要的资源少，评估周期短，操作简单，是最经济有效的风险评估模式。该评估的难点在于基线水平的高低确定困难。

(2) 详细评估。

详细评估就是对信息系统中的所有资源都进行仔细评估。例如可以划分成如下方面进行安全风险评估：

· 网络安全风险评估，可以按照了解拓扑结构、获取公共访问机器名字和地址、进行端口扫描的顺序进行。

· 平台安全风险评估，包括认证基准配置、操作系统、网络服务有无改变，认证管理员口令，并测试口令的强度，跟踪审计子系统，评估数据库等。

· 应用安全评估，这种评估包括了资产的鉴定和评估、资产面临威胁的评估、安全薄弱环节的分析，并在这些评估分析的基础上进行最后的风险评估分析，最后制定出合适的安全策略。它体现了风险管理的思想，能识别资产的风险并将风险降低到可以接受的水平。但是，这种模式需要相当多的财力、物力、时间、精力和专业能力的投入，最后获得的结果有可能有一定的时间滞后性。

(3) 组合评估。

组合评估是上述两种模式的结合。它首先对所有信息系统进行一次较高级别的安全分析，并关注每一个实际分析对整个业务的价值以及它所面临的风险的程度。然后鉴定对业务非常重要或面临严重风险的部分进行详细评估分析，对其他部分进行极限评估分析。这种方法考虑了耗费与效率之间的平衡，还考虑了高风险系统的安全防范。

5.4 信息安全道德规范

5.4.1 信息安全道德问题

信息系统作为信息技术的一种应用形式，它所涉及的道德问题主要包括：隐私问题、正确性问题、产权问题和存取权问题。

(1) 隐私问题。

信息技术强大的信息搜集能力为组织提供全方位服务的同时，应该考虑信息收集对人的隐私权的尊重，如对员工行为的全面监控。人们存储在一些信息系统中的个人信息会被盗窃和滥用，从而导致侵犯个人隐私和欺诈等不法行为。

此类问题的解决有赖于系统中信息的正确使用，最常用的方法是限定权限。

(2) 正确性问题。

关于谁有责任保证信息的权威性、可信性与正确性和谁来统计与解决错误等问题。

(3) 产权问题。

产权问题主要涉及谁拥有信息，什么是信息交换的公平价值，谁拥有传输信息的渠道、如何分配这些稀有的资源等问题。

（4）存取权问题。

应该规定什么人对什么信息有权限取得，在什么条件下有什么安全保障。

5.4.2 信息安全道德标准

一些在国际上有影响力的组织推出的关于企业的道德标准值得我们学习和借鉴。如 DPMA（Data Processing Management Association，数据处理管理联盟）、AITP（Association of Information Technology Professionals，信息技术专业协会）、ACM（Association for Computing Machinery，计算机机械协会）、ICCP（Institute for Certification of Computer Professionals，计算机专业资格协会）、ITAA（Information Technology Association of America，美国信息技术协会）等组织都制定了自己的职业行为准则。下面以 DPMA 的标准为例：

DPMA 专业标准包括针对业主的、针对社会的和针对专业的内容。

（1）对用户。

——尽一切努力保证自己具有最新知识和正确的经验以适应工作的需要。

——保证委托给我的信息的隐私性和保密性。

——正确地表达和删除源于实情的信息。

——不企图利用用户的资源获得自己的好处或做任何未经正式批准的事情。

——不利用计算机系统的弱点得到个人好处或达到个人目的。

（2）对社会。

——把我的技术和技能传播给社会。

——尽我最大努力保证产品得到社会信任和应用。

——支持、尊重和服从相关法律。

——正确表达和删除公众关心的源于问题和事情的信息，也不允许这种已知的信息搁置作废。

——不利用个人信息，不以任何非法的形式得到个人好处。

（3）对专业。

——当看到非法的不道德的事情时，应采取合适的行动。当反对任何人的时候，必须坚信自己是有力的、正确的、负责任的并不带任何个人情绪。

——尽力与人共享我的专业知识。

——和他人合作以达到了解和识别问题。

——在没有得到特殊许可和批准的情况下，不利用信誉去做其他工作。

——不利用他人缺乏经验和缺乏知识去占便宜以得到个人好处。

5.5 信息系统安全管理策略

5.5.1 基于网络的安全策略

管理者为防止对网络的非法访问或非授权用户使用的情况发生，应采取以下策略。

5.5.1.1 监视日志

(1) 读取日志，根据日志的内容至少可确定访问者的情况。

(2) 确保日志本身的安全。

(3) 对日志进行定期检查。

(4) 应将日志保存到下次检查时。

5.5.1.2 对不正当访问的检测功能

当出现不正当访问时应设置能够将其查出并通知风险管理者的检测功能。

(1) 设置对网络及主机等工作状态的监控功能。

(2) 若利用终端进行访问，则对该终端设置指定功能。

(3) 设置发现异常情况时能够使网络、主机等停止工作的功能。

5.5.1.3 口令

对依据口令进行认证的网络应采取以下策略：

(1) 用户必须设定口令，并保证口令达到一定的安全级别要求。

(2) 若用户设定口令时，应指导他们尽量避免设定易于猜测的口令，并在系统上设置拒绝这种口令的机制。

(3) 指导用户每隔适当时间就更改口令，并在系统中设置促使更改的功能。

(4) 限制口令的输入次数，采取措施使他人难以推测口令。

(5) 用户一旦忘记口令，就提供口令指示，确认后口令恢复。

(6) 对口令文本采取加密方法，努力做到保密。

(7) 在网络访问登录时，进行身份识别和认证。

(8) 对于认证方法，应按照信息系统的安全需求进行选择。

(9) 设定可以确认上一次登录时间的功能。

5.5.1.4 用户身份识别(用户 ID)管理

(1) 对于因退职、调动、长期出差或留学而不再需要或长期不使用的用户 ID 予以注销。

(2) 对长期未进行登记的用户以书面形式予以通知。

5.5.1.5 加密

(1) 进行通信时根据需要对数据实行加密。

(2) 要切实做好密钥的保管工作,特别是对用户密钥进行集中保管时要采取妥善的保管措施。

5.5.1.6 数据交换

(1) 在进行数据交换之前,对欲进行通信的对象进行必要的认证。

(2) 以数字签名等形式确认数据的完整性。

(3) 设定能够证明数据发出和接收以及可以防止欺骗的功能。

(4) 在前 3 步利用加密操作的情况下,对用户的密钥进行集中管理时,要寻求妥善的管理方法。

5.5.1.7 灾害策略

为防止因灾害、事故造成线路中断,需要有热备份线路和远程异地灾备系统。

5.5.2 基于主机的安全策略

管理者为防止发生对主机非法访问或未授权用户使用等情况,应采取以下策略。

5.5.2.1 监视日志

(1) 读取日志,根据日志的内容至少可确定访问者的情况。

(2) 确保日志本身的安全。

(3) 对日志进行定期检查。

(4) 应将日志保存到下次检查时。

(5) 具备检测不正当访问的功能。

(6) 设置出现不正当访问时,能够将其查出并通知风险管理者的功能。

5.5.2.2 口令

对依据口令进行认证的主机等应采取以下策略:

(1) 用户必须设定口令,并努力做到保密。

(2) 若用户设定口令时，应指导他们尽量避免设定易于猜测的口令，并在系统上设置拒绝这种口令的机制。

(3) 指导用户每隔适当时间就更改口令，并在系统中设置促使更改的功能。

(4) 限制口令的输入次数，采取措施使他人难以推测口令。

(5) 用户一旦忘记口令，提供口令指示，确认后口令恢复。

(6) 对口令文本采取单向加密后，存储密文。

5.5.2.3 对主机的访问

(1) 在记录日志时进行识别和认证。

(2) 对于认证方法，按照信息系统所需的安全要求进行选择。

(3) 设置可以确认上一次日志记录时间的功能。

(4) 根据安全方针，除了对主机的访问加以控制外，对数据库的数据、移动存储设备也应分别进行控制。

(5) 为确保访问控制等功能的安全，有必要选择具有相应功能的操作系统。

5.5.2.4 安全漏洞

(1) 采用专用软件，对是否存在安全漏洞进行检测。

(2) 发现安全漏洞时，要采取措施将其清除。

5.5.2.5 加密

(1) 在保管数据时，要根据需要对数据等实行加密。

(2) 要切实做好密钥的保管工作，特别是对用户密钥进行集中保管时要采取妥善的保管措施。

5.5.2.6 对主机的管理

(1) 应采取措施使各装置不易拆卸、安装或搬运。

(2) 要采取措施，避免显示屏上的信息让用户以外的人直接得到或易于发现。

5.5.2.7 预防灾害策略

(1) 根据需要将装置做成热备份的，要设置替代功能。

(2) 设置自动恢复功能。

5.5.3 基于设施的安全策略

管理者为了防止重要的计算机主机系统设施不受外部人员的侵入或遭受灾害，应采取以下办法。

5.5.3.1 授予资格

(1) 建立进入设施的资格(以下称资格)。

(2) 资格授予最小范围的必需者,并限定资格的有效时间。

(3) 资格仅授予个人。

(4) 授予资格时,要注明可能进入的设施范围及进入设施的目的。

5.5.3.2 建立身份标识

(1) 对拥有资格的人员发给记有以下事项的身份标识和IC卡等(以下称身份证)。

① 资格的有效期。

② 可进入的设施范围及进入的目的。

③ 照片等个人识别信息。

(2) 制作标识的材料应采用不易伪造的材料,另外要严格管理标识原件(指存档的),不使之丢失。

(3) 有资格的人员标识遗失或损坏时,应立即报告安全总负责人。

(4) 当收到遗失或损坏报告后,即宣布该标识无效。

5.5.3.3 设施出入管理

(1) 为获准进入设施,要提交身份标识确认资格。

(2) 限定允许出入设施的期限。

(3) 将允许进入人员的姓名、准许有效期限、可进入的设施范围、进入目的以及进入设施的许可(以下称许可)等记录下来并妥善保存。

(4) 对允许进入的人员发给徽章等进入设施的标志,并将该标志佩戴在明显的位置。

(5) 进入设施的标志应按照身份标识中的(2)~(4)项要求执行。

(6) 在建筑物或计算机房的出入口处查验是否具有资格和许可。

(7) 当从设施中搬出或搬入物资时,都应对该物资和搬运工作进行查验。

(8) 物资搬运出入时,应记录负责人的姓名、物资名称、数量、搬运出入时间等,并保存。

(9) 保安人员负责出入管理。

5.5.3.4 防范措施

(1) 限定设施出入口的数量,设置进行身份确认的措施。

(2) 在设施内装设报警和防范摄像装置,以便在发现侵入时采取必要的防范措施。

(3) 在建筑物、机房及外设间、配电室、空调室、主配电室(MDF)、中间配电室(IDF)、数据保密室等入口处设置报警装置,以便在发现侵入时采取必要的防范措施。

(4) 让保安人员在设施内外进行巡视。

5.5.3.5　灾害策略

(1) 设施的地点应尽可能选在自然灾害较少的地方。

(2) 建筑物应选择抗震、防火结构。

(3) 各种设备都应采取措施,防止因地震所导致的移动、翻倒或振动。

(4) 内装修应使用耐燃材料,采取防火措施。

(5) 对电源设备要采取防止停电措施。

(6) 对空气调节装置要采取防火和防水措施,使用水冷或热式空调设备时要采取防水措施。

5.5.4　基于数据管理的安全策略

5.5.4.1　数据管理

(1) 当重要数据的日志不再使用时,应先将数据清除,再将存储介质破坏,随后立即将该记录文件销毁。

(2) 对记录有重要数据的记录文件应采取措施,做好保管场所携带出入的管理,将数据用密码保护。

(3) 对移动存储介质,根据需要应采取数据加密或物理方法禁止写入等措施。

5.5.4.2　数据备份

应定期进行备份。备份介质应制定妥善的保存办法、保存期限,与原介质在不同地方保管。

5.5.4.3　审计

(1) 应从信息系统的安全性、可信度、保全性和预防犯罪的角度进行审计。

(2) 制定审计的方法并制成手册。

(3) 有计划、定期地进行审计,若有重大事故发生或认为有危险发生时,应随时进行审计。

(4) 提交审计报告。

（5）安全总负责人应根据审计结果迅速采取必要的措施。

5.5.5 信息系统开发、运行和维护中的安全策略

5.5.5.1 开发中的安全策略

（1）采取措施防止将基础数据泄露给从事开发以外的其他人员。

（2）制定专门的系统设计文档。

（3）制定专门的运行和维护手册。

（4）运行手册中应制定出危机范围和风险策略。

5.5.5.2 运行中的安全策略

（1）根据手册操作。

（2）记录运行情况日志。

5.5.5.3 维护中的安全策略

（1）根据手册操作。

（2）记录维护情况。

5.5.6 基于安全事件的安全策略

管理员在安全事件发生时，能确保与有关部门取得联系，能够进行切实实施预定义的安全措施，从而确保安全，应采取以下策略。

5.5.6.1 发现攻击时应采取的管理措施

（1）当发现对用户等进行攻击、事故或侵害等其他信息系统安全的行为或事件（以下简称攻击）时，有义务立即向危机管理负责人报告。

（2）应将受到攻击的对象、非法访问的结果、操作时的日志以及其后审计或调查所需的信息等，作为发现攻击行为的状态保存下来。

（3）及时向相关部门通报。

（4）发现非法访问行为且需要得到相关部门援助时，提出申请。

（5）调查结束，在进行系统恢复时，应将操作过程记录下来。

5.5.6.2 组织体制

为明确责任和权限应建立以下体制：

（1）日常事务体制：设立专职的安全总负责人和审计负责人。

（2）风险管理体制：设专职的风险管理责任人、风险管理设备执行人和其他责任人。

5.5.6.3 教育及培训

(1) 将风险发生时的防范措施制成手册，发给用户并进行定期演练。

(2) 让用户了解风险带来的危害，从而提高安全意识。

(3) 对用户策略实施情况进行审计，对措施不完备的地方加以改进。

5.5.7 与开放性网络连接的安全措施

对于信息系统来说，除了前面所述安全策略之外，从预防非法访问、计算机病毒侵入的角度来看，与 Internet 等开放性网络连接，还应追加下列安全措施。

5.5.7.1 一般措施

网络系统考虑通过开放性网络引入的不正当访问和恶意程序侵入，应当追加如下措施。

(1) 与开放性网络的连接应限定在最小范围的功能、线路和主机。

(2) 与开放性网络连接时，应采取措施预防对信息系统进行不正当的访问。

(3) 利用防火墙时，应设定适当的条件。

(4) 使用计算机系统时，应采取一定的安全措施，确保该信息系统的安全。

(5) 关于网络结构等重要信息除非必要时，不得公开。

5.5.7.2 监视措施

应当设置对线路负荷状况的监视功能。发现异常情况时，应根据需要使之与相连接的开放性网络断开。

5.5.7.3 安全事件应对措施

在确保攻击发生时能与相关部门取得联系。对危机进行准确应对的同时，还应采取如下措施。

(1) 与相关机构合作，把握受侵害的情况，采取措施，防止侵害的扩大。

(2) 对攻击进行分析，查明原因，与相关机构合作采取措施，防止攻击再次发生。

(3) 限定用户，即尽可能将可通过开放性网络进行访问的用户(数)加以限制。

(4) 信息收集，即平时要注意收集通过开放性网络进行非法访问的信息。

5.6 应急响应与灾难恢复

一般来说，每个使用信息系统的组织都应当有一套应急响应机制。这个机制包括3个环节:应急响应组织、紧急预案和灾难恢复。

5.6.1 应急响应组织

应急响应组织的主要工作有:

(1) 安全事件与软件安全缺陷分析研究。

(2) 安全知识库(包括漏洞知识、入侵检测等)的开发与管理。

(3) 安全管理和应急知识的教育与培训。

(4) 发布安全信息(如系统漏洞与补丁、病毒警告等)。

(5) 安全事件紧急处理。

应急响应组织包括应急保障领导小组和应急技术保障小组。应急保障领导小组的主要职责是领导与协调突发事件及自然灾害的应急处理。应急技术保障小组主要解决安全事件的技术问题,如物理实体和环境安全技术、网络通信技术、系统平台技术、应用系统技术等。

5.6.2 紧急预案

5.6.2.1 紧急预案及基本内容

应急预案是指根据不同的突发紧急事件类型预先制定的处理方案。应急预案一般包括如下内容:

(1) 执行紧急预案的人员(姓名、住址、电话号码以及有关职能部门的联系方式)。

(2) 系统紧急事件类型及处理措施的详细说明。

(3) 应急处理的具体步骤和操作顺序。

5.6.2.2 常见安全事件

紧急预案要根据安全事件的类型进行对应处理。下面提供一些常见的安全事件类型供参考:

(1) 物理实体及环境类安全事件,如意外停电、物理设备丢失、火灾和水灾等。

(2) 网络通信类安全事件,如网络蠕虫侵害等。

(3) 主机系统类安全事件,如计算机病毒、口令丢失等。

(4) 应用系统类安全事件,如客户信息丢失等。

5.6.2.3 应急事件处理的基本流程

(1) 安全事件报警。

值班人员发现紧急情况，要及时报告。报告要对安全事件进行准确描述并作书面记录。

(2) 安全事件确认。

确定安全事件的类型，以便启动相应的预案。

(3) 启动紧急预案。

① 首先要能够找到紧急预案。

② 保护现场证据(如系统事件、处理者采取的行动、与外界的沟通等)，避免灾害扩大。

(4) 恢复系统。

① 安装干净的操作系统版本。如果主机被侵入，就应当考虑系统中的任何东西都可能被攻击者修改过了，包括内核、二进制可执行文件、数据文件、正在运行的进程以及内存。通常，需要从发布介质上重装操作系统，然后在重新连接到网络上之前安装所有的安全补丁，只有这样才会使系统不受后门和攻击者的影响。

建议使用干净的备份程序备份整个系统，然后重装系统。

② 取消不必要的服务。只配置系统要提供的服务，取消那些没有必要的服务。检查并确认其配置文件没有脆弱性以及该服务是否可靠。通常，最保守的策略是取消所有的服务，只启动自己需要的服务。

③ 安装供应商提供的所有补丁。建议安装所有的安全补丁，使系统能够抵御外来攻击，不被再次侵入，这是最重要的一步。

④ 查阅国家互联网应急中心的安全建议、安全总结和供应商的安全提示。

⑤ 谨慎使用备份数据。在从备份中恢复数据时，要确认备份主机没有被侵入。一定要记住，恢复过程可能会重新带来安全缺陷，被入侵者利用。例如，恢复用户的 home 目录和数据文件中，以及用户起始目录下的.rhost 文件中也许藏有特洛伊木马程序。

⑥ 改变密码。在弥补了安全漏洞或者解决了配置问题以后，建议改变系统中所有账户的密码。

(5) 加强系统和网络的安全。

(6) 应急工作总结。

(7) 撰写安全事件报告。

5.6.3 灾难恢复

灾难恢复是安全事件应急预案中特别重要的部分。从发现入侵的那刻起就围绕它进行，应当包括如下几项内容：与高层管理人员协商；夺回系统控制权；复制被侵系统；入侵评估：分析入侵途径；检查入侵对系统的损害；清除入侵者留下的后门；数据恢复；系统恢复。

5.6.3.1　与高层管理人员协商

恢复的步骤应当符合组织的安全预案。如果安全预案中没有描述，应当与管理人员协商，以便能从更高角度进行判断，并得到更多部门的支持和配合。

5.6.3.2　夺回系统控制权

为了夺回对被入侵系统的控制权，先要将系统从网络上断开。如果在恢复过程中，没有断开被侵入系统和网络的连接，入侵者就可能破坏所进行的恢复工作。

进行系统恢复也会丢失一些有用信息，如入侵者正在使用的扫描程序或监听进程。因此想要继续追踪入侵者时，可以不采取这样的措施，以免被入侵者发现。但是，也要采取其他一些措施，避免入侵蔓延。

5.6.3.3　复制一份被侵入系统的映像

在进行入侵分析之前，最好对被入侵系统进行备份。这个备份在恢复失败时非常有用。

5.6.3.4　入侵评估

入侵评估包括入侵风险评估、入侵路径分析、入侵类型确定和入侵涉及范围调查。下面介绍围绕这些工作进行的调查工作。

(1) 详细审查系统日志文件和显示器输出，检查异常现象。

(2) 入侵者痕迹分析。包括：检查入侵者对系统文件和配置文件的修改；检查被修改的数据；检查入侵者留下的工具和数据；检查网络监听工具。

(3) 其他，如网络的周边环境和涉及的远程站点。

5.6.3.5　清除后门

后门是入侵者为下次攻击打下的埋伏，包括修改了的配置文件、系统木马程序、修改了的系统内核等。

5.6.3.6　记录恢复过程中所有的步骤

记录恢复过程中采取的每一步措施非常重要。恢复一个被侵入的系统是一件很麻烦的事，要耗费大量的时间，因此经常会使人做出一些草率的决定。记录自己所做的每一步可以帮助避免做出草率的决定，留作以后参考，还可以对法律调查提供帮助。

5.6.3.7 系统恢复

各种安全事件预案的执行都是为了使系统在事故后得以迅速恢复。对于服务器和数据库等特别重要的系统，则要单独订立紧急恢复预案。

(1) 服务器的恢复。

一旦服务器因故障完全停止运行，常规的恢复方法是在一个新的硬件平台上重建。步骤如下：

① 安装服务器操作系统。

② 安装所有需要的驱动程序。

③ 安装所有需要的服务软件包。

④ 安装所有需要的流行修补程序和安全修补程序。

⑤ 安装备份软件。

⑥ 安装备份软件需要的修补程序。

⑦ 恢复最后一次完全备份磁带。

⑧ 恢复所有增量备份或差异备份磁带。

显然，用手工进行服务器的恢复是非常麻烦的。如果能设计一种专门的软件包，可以生成存有服务器镜像文件的启动盘，用来恢复服务器，就便利多了。

(2) 数据库系统的恢复。

数据库恢复的目的是在足够备份的基础上，使数据库尽快恢复到正常。其中包括：

① 数据文件恢复：把备份文件恢复到原来位置。

② 控制文件恢复：控制文件受损时，要将其恢复到原位重新启动。

③ 文件系统恢复：在大型操作系统中，可能会因介质受损，导致文件系统被破坏。其恢复步骤为：

- 将介质重新初始化。
- 重新创建文件系统。
- 利用备份完整地恢复数据库中的数据。
- 启动数据库系统。

第6章 系统简介

矿业组合服务平台的开发方法采用快速原型法，从需求分析快速设计出系统原型，根据客户意见进行迭代，然后完善原型，包括系统界面、功能、流程等，经过三次迭代，系统达到客户满意的程度，系统上线发布。

6.1 首页

该平台的首页包括：需求信息，组件中心，行业动态及联系我们等板块（图 6-1～图 6-4）。

图 6-1 首页

图 6-2　组件中心

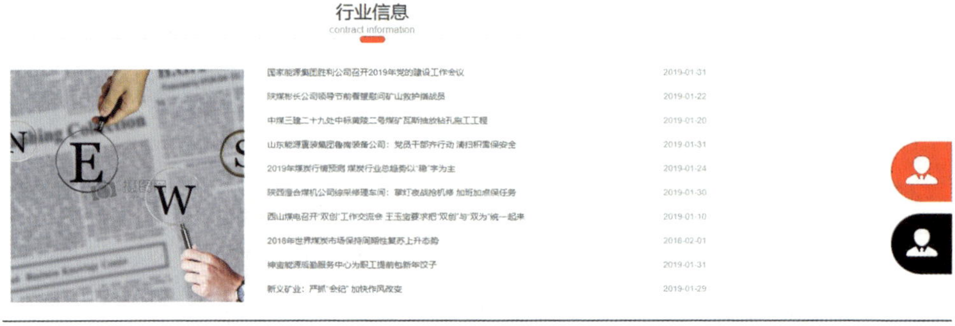

图 6-3　行业信息

需求信息

项目编号	项目名称	所属公司	发布时间	
44	工作面掘进	能源有限公司	2018-05-23	项目详情
45	巷道掘进	能源有限公司	2018-05-24	项目详情
46	工作面布置	能源有限公司	2018-05-23	项目详情
47	回风巷掘进	能源有限公司	2018-05-19	项目详情
48	连采工作面掘进	能源有限公司	2018-05-23	项目详情
49	机电设备搬家倒面	能源有限公司	2018-05-23	项目详情
50	改进现有水力冲孔卸压增透技术提高瓦斯抽采率和降低瓦斯残余量	能源有限公司	2018-05-23	项目详情
51	人工造穴充填水泥砂浆造壁技术	能源有限公司	2018-05-20	项目详情
52	板集矿井筒施工技术难题	能源有限公司	2018-05-22	项目详情
72	搬家倒面	电建投	null	项目详情

上一页 1 下一页

图 6-4　需求信息

6.2 组件中心

点击组件中心如图 6-5 所示，分为大类、小类、组件信息列表。

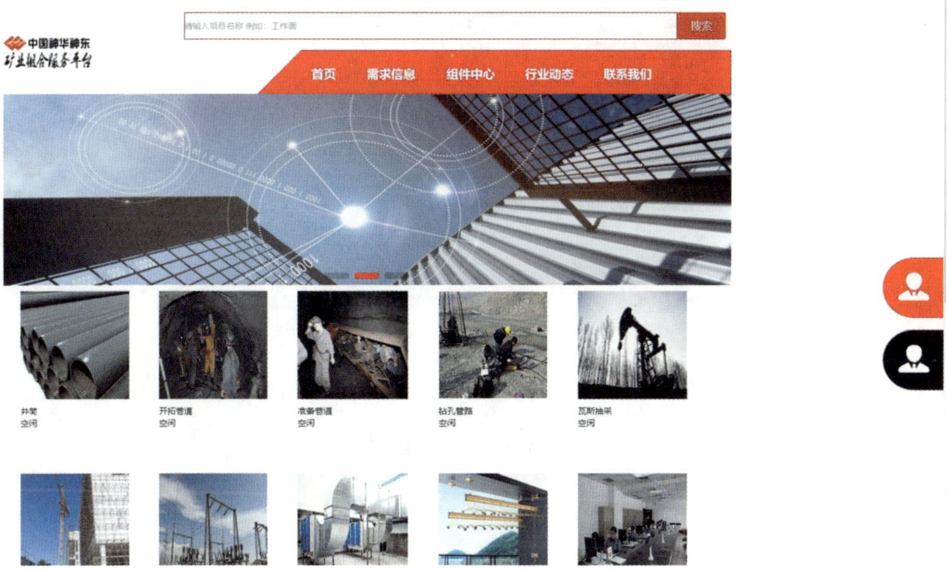

图 6-5　组件列表

点击具体组件如图 6-6 所示，显示具体组件内容。

组件详情

序号	队伍名称	大类型	小类型	出租状态
1	综采队	生产	采煤	空闲
2	综采队	生产	掘进	空闲
3	综采队	生产	通风	空闲
4	综采队	生产	运转	空闲
5	综采队	生产	准备	空闲

序号	设备名称	设备型号	大类型	小类型	功率	所属公司	产地	数量	规格尺寸	状态	折旧（几成新）	出租单价	零售单价
1	掘进机	JJ-0239	掘进设备	掘进工作面	1000	123	美国	13	5500*6000*1500	否	2	1000.0	100000.0
2	掘进机	JJ-0239	掘进设备	全断面快速掘进系统	1000	123	美国	13	5500*6000*1500	否	2	1000.0	100000.0
3	掘进机	JJ-0239	掘进设备	连采工作面	1000	123	美国	13	5500*6000*1500	否	2	1000.0	100000.0
4	掘进机	JJ-0239	掘进设备	连采工作面负荷中心	1000	123	美国	13	5500*6000*1500	否	2	1000.0	100000.0
5	掘进机	JJ-0239	掘进设备	连采工作面集控中心	1000	123	美国	13	5500*6000*1500	否	2	1000.0	100000.0
6	掘进机	JJ-0239	掘进设备	局部通风机	1000	123	美国	13	5500*6000*1500	否	2	1000.0	100000.0

图 6-6　组件详情表

点击具体行业动态信息，如图 6-7 所示，可以看到该条信息的具体内容。

图 6-7　行业动态详情

6.3　乙方信息

6.3.1　列表页面

乙方信息展示列表如图 6-8 所示。

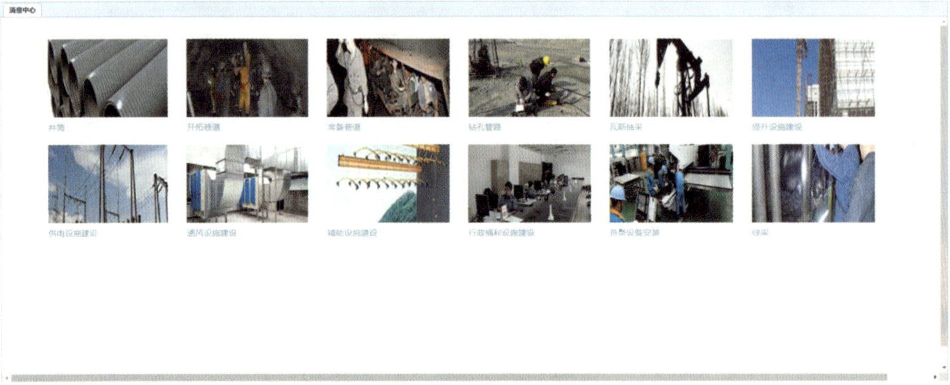

图 6-8　乙方信息展示列表

6.3.2 详情页面

当点击某一个列表项时，跳转到对应的组件详情页面。选择时间段，点击购物车放进购物车内（图 6-9），点击返回回到列表显示页。

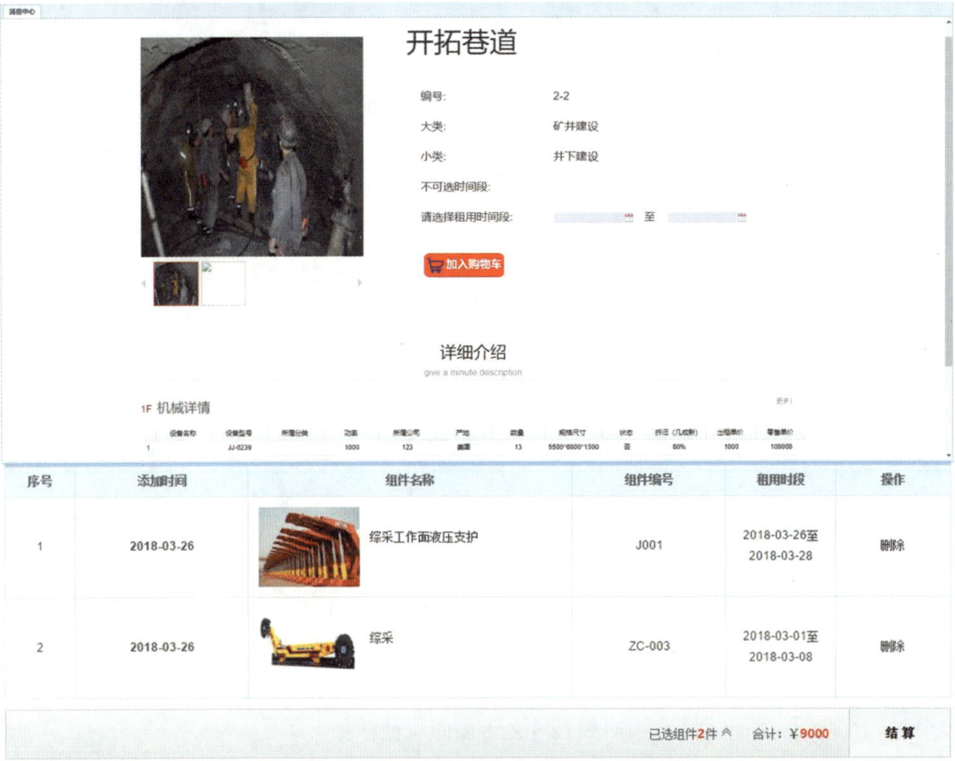

图 6-9　加入购物车

6.3.3 机械设备信息

乙方持有的主要机械的相关信息，如图 6-10 所示。可以输入相关信息快速查找想要的信息。

图 6-10　乙方机械信息列表

增加——增加某一种设备，如图 6-11 所示。

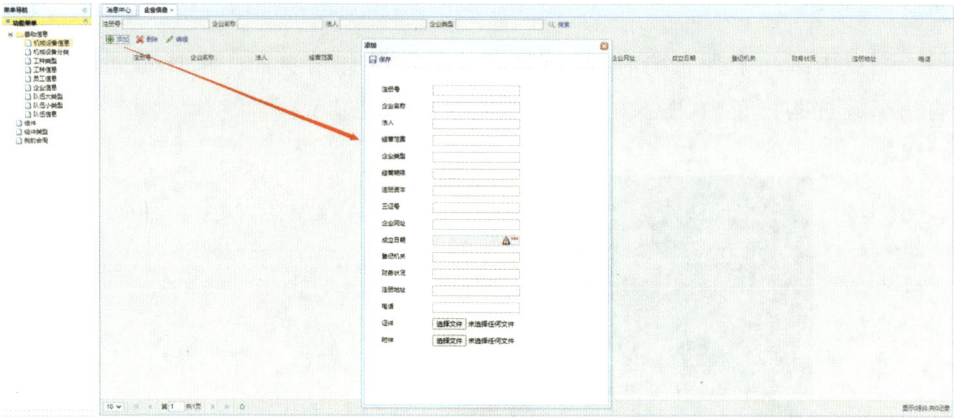

图 6-11　乙方增加机械信息

删除——删除某中设备，如图 6-12 所示。

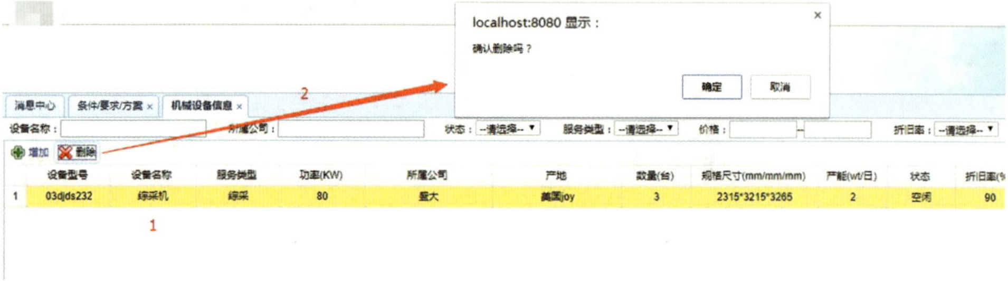

图 6-12　乙方删除机械信息

队伍列表，如图 6-13 所示。

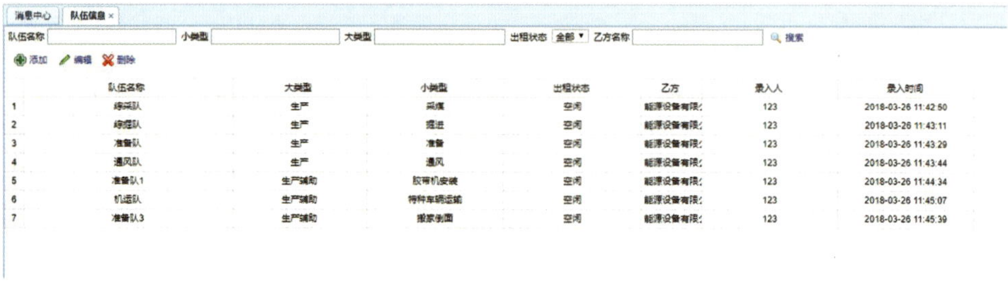

图 6-13　乙方队伍信息列表

点击添加按钮弹出添加框如图 6-14 所示。

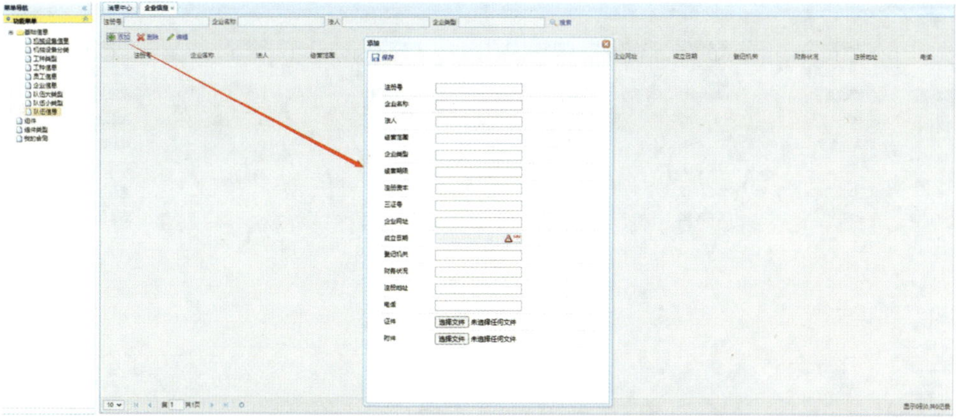

图 6-14　乙方队伍添加

选择信息，点击编辑按钮弹出修改框如图 6-15 所示。

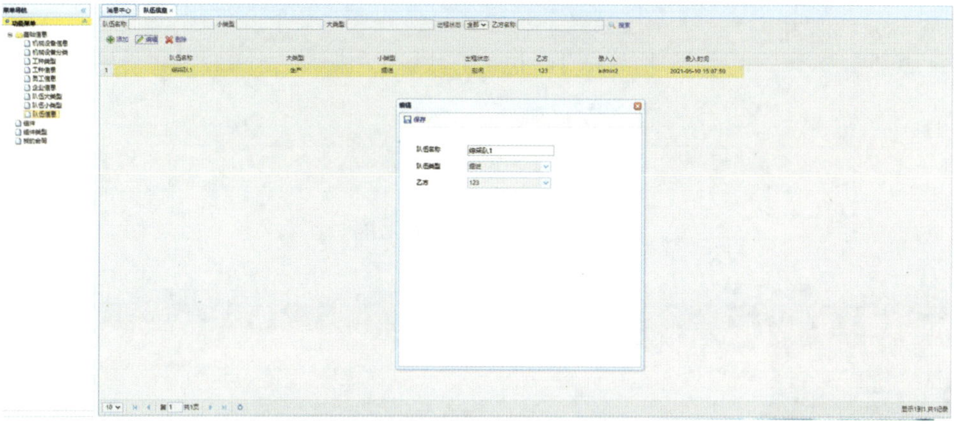

图 6-15　乙方队伍信息维护

组件列表，如图 6-16 所示。

选择信息，点击删除按钮弹出确认删除框如图 6-17 所示，点击确认删除该信息，点击取消则不执行。

在组件列表页面选中一条信息，点击“编辑”，即可对组件信息进行修改；选中一条信息，点击“删除”即可删除组件，如图 6-18 所示。

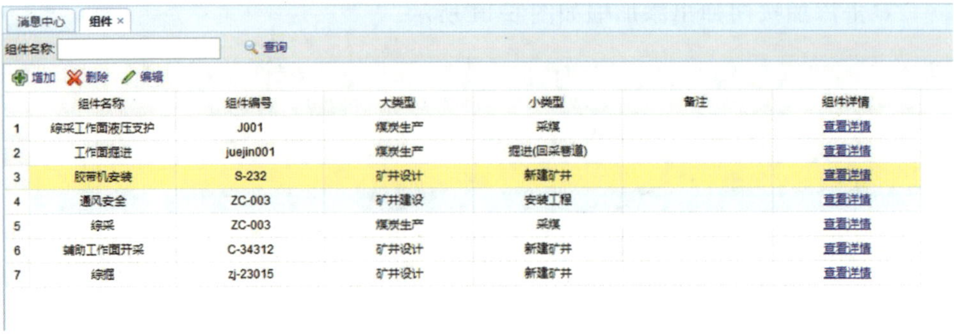

图 6-16 组件列表

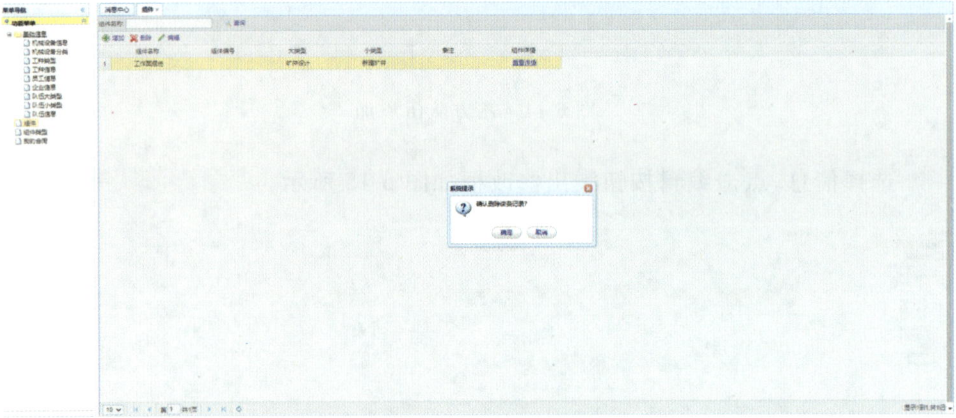

图 6-17 信息删除功能

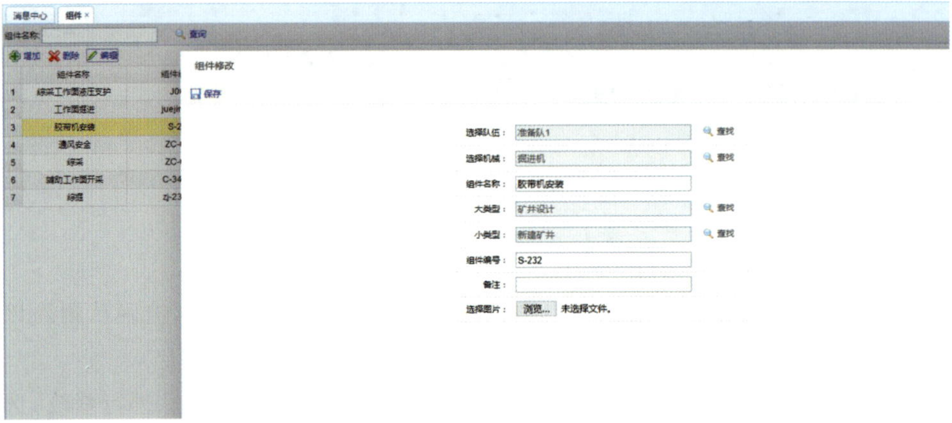

图 6-18 组件编辑功能

在组件显示列表页面，点击查看详情，可查看组件的详细信息，如图 6-19 所示。

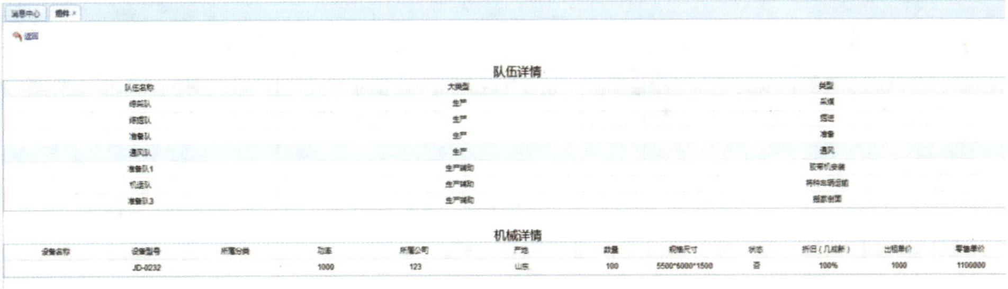

图 6-19 组件列表

在组件列表页面点击添加按钮，即可添加组件，如图 6-20 所示。

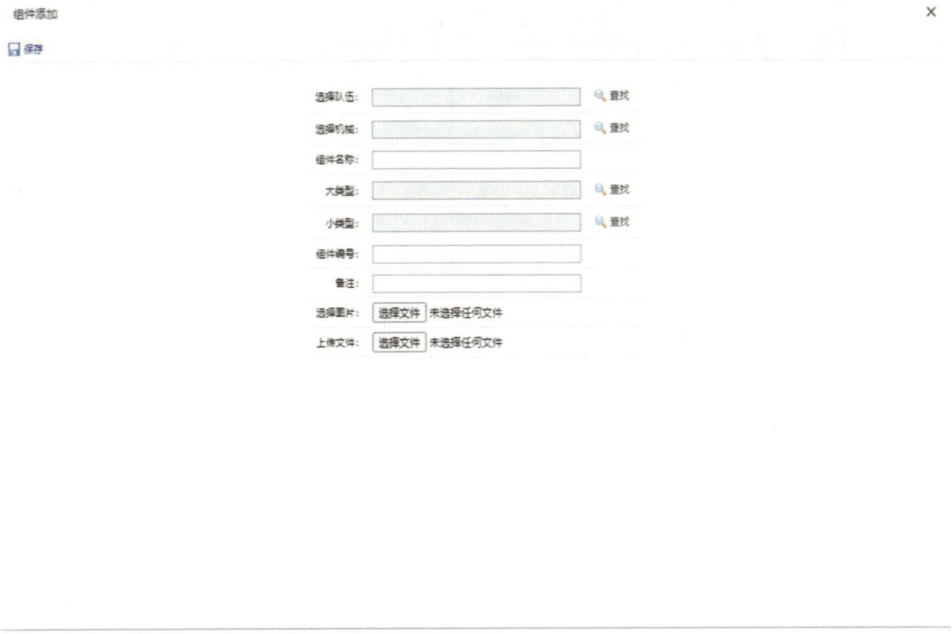

图 6-20 组件添加

在弹出的添加框中，点击“选择队伍”和“选择机械”列的“查找”按钮，选择信息相应信息，如图 6-21 所示。

第6章 系统简介

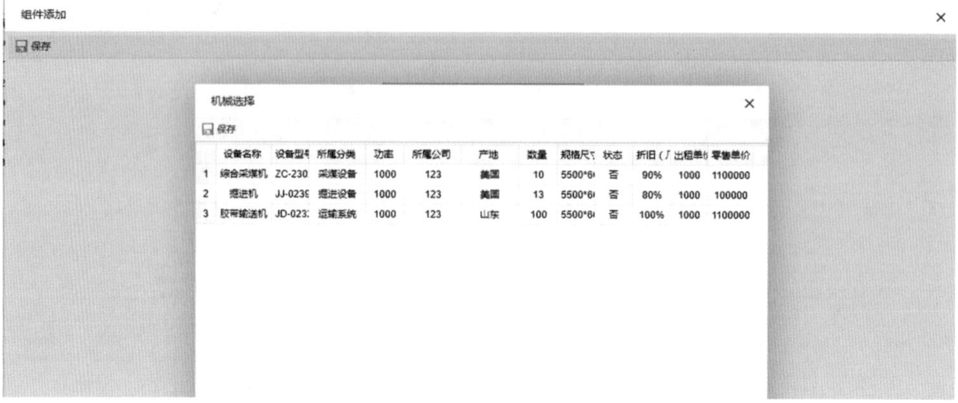
组件添加
保存
机械选择
保存
设备名称 设备型号 所属分类 功率 所属公司 产地 数量 规格尺寸 状态 折旧 出租单价 零售单价
1 综合采煤机 ZC-230 采煤设备 1000 123 美国 10 5500*6 否 90% 1000 1100000
2 掘进机 JJ-0239 掘进设备 1000 123 美国 13 5500*6 否 80% 1000 100000
3 胶带输送机 JD-023 运输系统 1000 123 山东 100 5500*6 否 100% 1000 1100000

图 6-21　查找结果

参考文献

[1] 陈佳.信息系统开发方法教程[M].2版.北京:清华大学出版社,2006.
[2] 陈禹.信息系统管理工程师教程[M].北京:清华大学出版社,2006.
[3] 邓晓红.管理信息系统实验指导与课程设计[M].北京:机械工业出版社,2006.
[4] 董德民,张锋,马玲.管理信息系统实验指导[M].北京:中国水利水电出版社,2005.
[5] 甘仞初.管理信息系统[M].2版.北京:机械工业出版社,2007.
[6] 葛世伦,代逸生.企业管理信息系统开发的理论和方法[M].北京:清华大学出版社,1998.
[7] 哈格 S,卡明斯 M.信息时代的管理信息系统[M].颜志军,贾琳,尹秋菊,等译.9版.北京:机械工业出版社,2019.
[8] 黄梯云.管理信息系统[M].3版.北京:高等教育出版社,2005.
[9] 黄梯云.管理信息系统习题集[M].北京:高等教育出版社,2005.
[10] 邝孔武,王晓敏.信息系统开发与管理[M].北京:中国人民大学出版社,2003.
[11] 李一军.管理信息系统案例集[M].北京:高等教育出版社,2005.
[12] 李志刚.决策支持系统原理与应用[M].北京:高等教育出版社,2009.
[13] 倪庆萍.管理信息系统原理[M].北京:清华大学出版社,北京交通大学出版社,2006.
[14] 苏选良.管理信息系统:应用导向的理论与实践[M].北京:电子工业出版社,2009.
[15] 汤普森 R L,凯茨巴里尔 W L.信息技术与管理[M].陈丽华,等译.2版.北京:北京大学出版社,2006.
[16] 滕佳东.管理信息系统实验[M].3版.大连:东北财经大学出版社,2016.
[17] 万映红.管理信息系统[M].西安:西安交通大学出版社,2014.
[18] 薛华成.管理信息系统[M].6版.北京:清华大学出版社,2012.

[19] 用友软件股份有限公司. 企业管理信息化应用指南[M]. 北京:机械工业出版社,2003.
[20] 张骏,鄢丹. 信息系统课程设计[M]. 北京:科学出版社,2007.
[21] 章宁. 信息系统开发与项目管理[M]. 北京:高等教育出版社,2010.
[22] 赵苹. 管理信息系统案例教程[M]. 北京:北京大学出版社,2009.
[23] 周山芙,汪星明,赵苹. 管理信息系统[M]. 2 版. 北京:中国人民大学出版社,2004.
[24] 朱顺泉. 管理信息系统原理及应用[M]. 北京:机械工业出版社,2005.